新潮新書

岡本茂樹
OKAMOTO Shigeki

凶悪犯罪者こそ更生します

579

新潮社

まえがき

「この10年間、刑務所のなかで、出所したらすぐにチャカ（拳銃）を手に入れて、裁判のときに偽証した隣の夫婦を射殺して、自分も死のうと思っていました。それだけを目標にして、残りの（刑務所での）生活を送るつもりでした」

この言葉は、殺人を犯したある50代の受刑者が、私との初回面接が始まって30分ほど経ってから語った「本音」です。名前を後藤としましょう。後藤は、「昼夜独居《ちゅうやどっきょ》」（現在は「単独処遇」と言います）の生活をしていて、昼は工場に出ずに独居（単独室）のなかで内職のような仕事をし、夜も一人で過ごしていました。要するに、刑務所のなかで誰とも人間関係を持たない受刑者です。ちなみに、受刑者が昼夜独居となる理由は、受刑者間のいじめや人間関係の疲れ、病気などさまざまですが、多くは刑務所に対して反抗的な態度を取る処遇困難者として「隔離」されています。そして、後藤は処遇困難者でした。

後藤が私との個人面接を希望した理由は、反省するためとか更生するためではありません。開口一番、後藤は「最近、なぜか小さい頃のことばかり思い出して、ものすごく腹が立つことがあります。突然、物を投げ出したくなるくらいなんです。私は昼夜独居をしているので、これが『拘禁病《こうきんびょう》』（刑務所などで長期間拘禁状況に置かれることで、精神に異常をきたす病）というやつなんでしょうか。先生、教えてください」と言いました。さらに彼は「気持ちを落ち着けるために、今はキリスト教や仏教を学んでいますが、一向に良くならないので、心理学の専門の先生に相談をすることにしたのです」と続けました。私は「宗教を学ぶことは心を落ち着けるためにはいいかもしれませんが、心のなかに嫌なモノがいっぱい詰まっている場合、宗教は自分の本当の気持ちに蓋《ふた》をしてしまう場合があるので注意しないといけないですよ」と伝えたうえで、「小さい頃に、どのようなことがあったのか教えてくださいませんか」と問いかけました。

するといと後藤は、幼少の頃、父親が毎晩のように母親を殴っていた過去を告げたのです。そして、彼自身も父親から厳しいしつけを受けていたことを明かしました。私は、後藤の苦しかった思いを受け止めつつ、幼少の頃に毎日のように親のＤＶ（ドメスティックバイオレンス）にさらされた子どもは、虐待を受けた子どもと同じように、トラウマ

（心の傷）で苦しみ、大人になってから身体症状に表れる場合があると説明しました。

私の話を聴いてハッとなった後藤は、ある司法関係者が彼に語った言葉を口にしました。司法関係者は「幼いとき、あなたが不遇な環境で過ごしてきたことは分かりますが、大人になったのだから、そういう問題は解消されているはず。幼少期のことは今回の事件と関係ない」と、殺人罪になるのは仕方がないと言ったというのです。

後藤の言ったことが事実なら、この司法関係者は誤った解釈をしていることになります。幼少期にＤＶにさらされた子どもの「心の傷」がどれほど深いものか理解していないのです。もっとも、これは仕方がないことです。なぜなら、ほとんどの司法関係者は「心の問題」を扱う心理学の知識を持ち合わせていないからです。

ここから後藤は、自ら事件のことを話し始めました。殺害当時、無職で、覚醒剤依存症だった後藤は、近所に住むアルコール依存症の男性をいじめのターゲットにしていました。覚醒剤の依存症になっている自分のことを内心では許せず、だからと言って止めることもできず、そのイライラを男性にぶつけていたのです。

ある日後藤は、男性を驚かせようと思って、包丁を取り出しました。すると、覚醒剤の使用で頭がボーっとしていたのか手がすべり、男性の脇腹に包丁が刺さり、身体を貫通して死に至らしめたのです。裁判で、隣の夫婦は「言い争う声が聞こえた」と証言しました。後藤は「言い争ってなんかいない。手がすべっただけだ。偽証だ」と反論しましたが聞き入れてもらえません。その結果、殺人罪となり、「偽証した隣の夫婦」に恨みを募らせていたのです。後藤は自分の事件を「冤罪みたいなもの」と言って、「私の方こそ被害者だ」と怒りを込めた口調で語りました。

刑務所に収容された当初、後藤は、他の受刑者と同じように工場に出て、刑務作業をしていました。しかし、ずっと裁判のことが頭から離れず、まじめに務めているのがバカらしくなって作業を拒否し、昼夜独居の生活を選んだのです。そして、私と出会うまでの10年間、「偽証した隣の夫婦に復讐する」ことだけを考えていたのです。このことを彼は誰にも言わず、心に秘めていました。当然、後藤は自分が犯した罪と向き合っていません。したがって、被害者に対して反省する気持ちは微塵もありません。

この話を聞けば、普通の人なら、後藤に対して「覚醒剤を使ったお前が悪い」と非難したり「被害者のことを考えて反省しなさい」と説諭したりするでしょう。被害者や被害者遺族のことを考えれば、当然です。しかし私は後藤が「本音」を語ってくれたことを重視しました。私は「誰にも話せず、これまで苦しかったでしょう。よく話してくれましたね」と言いました。そして「父親に対して、小さい頃どう思っていましたか」と問うと、彼は「憎くて、いつか殺してやると思っていました」と答え、父親から受けた数々の虐待的な言動を話しました。私は「今、後藤さんがしないといけないことは、心のなかにある『嫌なモノ』を外に出すことです。そうすると、後藤さんは変われるかもしれませんが、どうしますか」と尋ねました。

彼の顔つきが一変しました。後藤の口から「先生、私は更生できますか」という言葉が飛び出したのです。10年間、復讐することだけを考えてきた後藤が、面接が始まって、たった30分で「変わりたい」という気持ちを持ったのです。

後藤は「私のような酷いことをした人間でも立ち直れるでしょうか」と心配そうな顔で私を見ました。私は「事件の重大さよりも、自分の内面と向き合うことができれば立ち直れます」と言いました。そして、最初の課題として、「私から偽証した夫婦へ」の手紙を書くことを彼に求めました。これは「ロールレタリング」という手法で、実際に投函するのではなく、あくまでも自分の心の整理のために、自分の言いたいことを手紙の形で思い切り書くというものです。

面接の最後に私が「後藤さん、更生しましょう。私が伴走しますよ」と伝えると、後藤の目に涙が浮かんでいました。

　現在、私は、日本で最も凶悪な犯罪を起こした受刑者が収容されているＬＢ指標の刑務所で、篤志《とくし》面接委員（民間のボランティアで受刑者の支援をする者）という肩書の「外部の支援者」として、受刑者の個人面接をしたり、更生のためのプログラムを作って授業をしたりしています。ＬとはLong の略で刑期が10年以上を意味し、Ｂとは何度も犯罪を重ねて犯罪傾向が進んでいることを表します。一般的に、彼らのことを「長期累犯受刑者」と言い、矯正《きょうせい》関係者の間では、「更生不可能」とみなされています。罪名は殺人がトップです。

　後藤は、私との個人面接を希望した受刑者です。後藤との初回面接のやり取りから分かることは、どんなに凶悪な犯罪を起こした受刑者でも、きっかけさえあれば、更生する意欲を持てることとです。

　二件の殺人事件を起こして、現在もＬＢ指標の刑務所に収容されている無期懲役受刑者の美達大和《みたつやまと》は、ほとんどの受刑者は反省していないと語っています（『人を殺すとはどういうことか　長期ＬＢ級刑務所・殺人犯の告白』新潮社　２００９年、『死刑絶対

肯定論　無期懲役囚の主張』新潮新書　２０１０年など）。私も、美達同様、大半の受刑者は反省していないと思っています。しかし受刑者に個人面接をしたり授業をしたりするなかで、彼らの多くが反省していく姿を目の当たりにして、私の見方が変わってきています。後藤の例でも分かるように、受刑者は「反省していない」のではなくて、誰にも本当の気持ちを語っていないから「反省できない」のです。

後藤が幼少期のトラウマで苦しまなければ、私と面接することはなかったでしょう。そして、私と出会うことがなければ、彼は残りの刑期も復讐心だけを抱き、出所後には本当に殺人を犯していたかもしれません。そうすれば後藤は、新たに被害者を二人生み出し、自殺するか、死刑囚となって人生を終えたことでしょう。新たな被害者が生まれることは大変な悲劇ですが、加害者である後藤にとっても悲惨な人生と言わざるを得ません。しかし、刑務所のなかには、後藤のような受刑者がたくさんいるのです。

反省していない受刑者に対して、当然のことながら、刑務所は受刑者に「反省させる教育」を行います。その内容は、被害者や被害者遺族の苦しみや悲痛な思いを分からせようとするものです。しかし、ちょっと考えてみてください。裁判のときに抱いた憎悪をずっと持ち続けている後藤に対して、被害者や被害者遺族の心情が心に響くでしょうか。

後藤のような考え方をする者は異常だと思われるかもしれませんが、実は私たちの多くが彼と同じような経験をしているのです。たとえば、自分以外の誰かがちょっとしたいたずらをして、自分はかかわっていないのに、「お前がやったのだ」と濡れ衣を着せられた経験はないでしょうか。周囲が「すべてお前の責任だ」と判断しても、本人が「濡れ衣だ」と思い込んでいるかぎり、自分の犯した罪と向き合うことはできません。自分は何もしていないと思い込んでいるのに全責任を負わされて、素直に反省できる人などいません。もちろん殺人事件と些細ないたずらとを比較することはできませんが、心理的にはつながっています。

後藤は「私の方こそ被害者だ」と思い込んでいます。そして、後藤のように、自分がやったことを棚に上げて、「被害者の方が悪い」と思っている受刑者は、私たちが考える以上に多いのです。このような受刑者に対して「反省させる教育」を行ってもほとんど効果がありません。それどころか、「何でこんな教育を受けないといけないのか」と憎悪を深めることにもなりかねません。「反省させる教育」をしても、受刑者にとって本当に「反省する機会」とはならないのです。

私は、後藤に対して、「被害者のことを考えて反省しなさい」とは一言も言っていません。ただ、彼の「言い分」に耳を傾けただけです。そして、初めて自分の本当の気持ちを話したことで、後藤は「変わりたい」という意欲を持ったのです。

美達大和は、「受刑者目線」で「ほとんどの受刑者は反省していない」と言いますが、受刑者の更生を支援する立場の私からすると、今の刑務所の環境下では、「ほとんどの受刑者は反省できない」という見方になります。だからこそ、彼らに本音を語らせることが必要なのです。

私は2013年に、新潮新書から『反省させると犯罪者になります』を出版しました。「タイトルが過激ではないか」との指摘が少なからずありました。出版前からそういう指摘を受けることは覚悟していましたが、私はあえて「犯罪者」という言葉にこだわりました。その理由は、「問題行動を起こした人に対して、ただ反省を求めるだけだと、その人は確実に悪くなる」ということを少年院や刑務所に勤める職員をはじめとして、子育てに頑張っている親、学校の教師など、すべての人に知ってほしかったからです。

また、前著でもう一つ明らかにしたかったことは、この問題は、事件を起こすような犯罪者に限らないという点です。問題行動を起こした人に反省を求めるだけだと、犯罪者にならなくとも、その人のその後の人生に大変な生き辛さをもたらします。その最悪の行為が「自殺」と考えれば、「自らの命を殺める」という意味で、非難は承知のうえで言えば、自殺者も「犯罪者」と言えます。

私が前著を世に問うた最大の目的は、「問題行動を起こした者に反省を求めることは当たり前」という価値観に一石を投じることでした。出版後は、意外にも否定的な意見は少なく、逆に私の予想をはるかに上回る反響がありました。ネットの書き込みは「目から鱗が落ちました」「価値観が揺さぶられました」「子育てに役立てたい」といった好意的な内容が大半を占めました。新聞、雑誌、ラジオ、テレビなどのメディアでも取り上げられました。また、学校、医療、福祉、司法といった分野の方から連絡を頂きました。反響は海外にまで及び、韓国でも翻訳出版されることになりました。さらに驚くことに、拘置所にいる未決囚や刑務所に収容されている受刑者からも手紙が送られてきました。犯罪を起こした人が前著を読んで、自分自身をみつめ、更生する意欲を持ってくれたことは、私にとって望外の喜びでした。

本書を書くきっかけは、やはり読者が書き込んだツイッターでした。「続きがあるのなら、ぜひ読んでみたい」という言葉が励みとなって、「続編」を出すことになりました。実のところ、私は前著では書けなかった受刑者の実態や支援のあり方を具体的に書きたいと思っていました。

本書では、まず前半で、大半の反省していない受刑者の本音をいくつか記します。腹立たしい内容かも知れませんが、彼らの本音を否定せず、それを受け止めることから支援が始まることを強調しておきます。また、意外に思われるかもしれませんが、今は少数派である「反省している受刑者」にも問題があることを指摘します。被害者の心情だけを考えて一人で反省していると、誤った方向に行く可能性があります。その代表的人物が、実は「美達大和」なのです（彼については第2章で詳述します）。

美達大和は、2009年より矢継ぎ早に著書を刊行し、話題となった無期懲役囚です。彼は、自ら仮釈放を放棄して、生涯刑務所で罪を償っていくことを表明しています。そのため、殺人者でありながら、彼を支持する人たちがいます。大半の受刑者が反省しないなか、美達が被害者遺族の心情を理解し、獄死を選ぶ姿勢が一定の評価を得ているのです。

しかし、彼が本当に被害者の心情を思って更生しようとしているのか、私は疑問に思っています。疑問に思う背景には、美達が「一人で反省している」ことが関係していま す。一人で反省しているので、自分の内面と向き合えないのです。自分の内面と向き合えないので、美達は自分の心の奥底にある否定的感情の存在に気づいていません。したがって、彼の根本的な価値観や考え方は、入所前と変わっていません。

厳しい言い方になりますが、私は「美達大和は更生できない」と考えています。更生できない理由は、彼の著書（とくに小説）のなかに記されています。美達は自ら刑務所を出ないと言っていますが、著書を読めば、仮に仮釈放が許可されたら、美達が再犯を起こすおそれさえあることが分かります。そのような受刑者を社会に戻してはいけません。本書を手にした人のなかには、美達大和という人物を知らない人が少なくないと思いますが、「一人の無期懲役囚の事例」を読むつもりで、罪の償いとはどういうことかを考えてみてください。もちろん、美達大和を知らない方にも内容が分かるように解説しています。

ただ、誤解してほしくないことがあります。私が美達の課題を指摘するのは、おせっかいなことは十分に承知のうえで、「美達に本当に更生してほしい」と願うからです。そして、美達を理解することは、彼だけでなく、他の受刑者を理解し支援するためのヒントを与えてくれることも付け加えておきます。

本書の後半では、個人面接の場合と集団指導の場合とに分けて、具体的な支援のあり方を分かりやすく解説します。そのために、受刑者の事例、私と受刑者との会話のやり取り、そして受刑者本人が書いた「生の文章」を数多く読んでいただきます。また、集団指導ではどのように受刑者に本音を語らせて、真の反省に導いていくのかも解説します。そして、最終章では、今の刑務所のあり方に苦言を呈したうえで、受刑者が更生するために、組織として「今、できることは何か」を提言します。

本書は『凶悪犯罪者こそ更生します』と、またもやバッシングを受けそうなタイトルとなっています。しかしけっして大げさではなく、私は「凶悪犯罪者だからこそ更生できる」と考えています。

理由があります。先に書いたように、ＬＢ指標の受刑者は「更生不可能」とみなされていることと関係があります。誰もが「更生不可能」と決めつけているから、ＬＢ指標の刑務所に勤める大半の刑務官は、他施設以上に管理と秩序維持を最優先させ、一人ひとりの受刑者の言葉に耳を傾けようとしません。

また、そんな刑務官の姿勢を熟知していることもあって、自分の本当の気持ちを刑務官に話そうとする受刑者はほとんどいません。軽い日常会話を交わすことはあっても、受刑者は自分の本音を誰にも語りません。そうすると、必然的に自分の過去を振り返ることはしないので、自分がなぜ犯罪を起こしたのかも考えません。そして、刑務所が用意している「反省させる教育」を受けて、「上辺だけの反省」をしているのです。

受刑者は皆、人を傷つけた犯罪者です。そのことに間違いはありません。しかし人を傷つけるきっかけが、幼少期における親（養育者）との関係にあることに気づいている受刑者は皆無です。だからこそ、受刑者の言葉にじっくりと耳を傾けることから始めるのです。そうすると、次第に事件を起こすに至るきっかけが明らかになります。そのとき、初めて受刑者に気づきが生まれます。この気づきは、「落ちるところまで落ちた」受刑者こそ大きなものになります。これが凶悪犯罪者だからこそ更生できる理由です。

最初の問題行動のきっかけが「人を傷つけた」ことではなく、「自分が傷ついていた」ことだと気づけたとき、受刑生活が長ければ長いほど、また何度も犯罪を繰り返し重い罰を受けている者ほど、洞察は深いものになります。更生への意欲の強さは、A指標（初犯など犯罪傾向が進んでいないことを示す指標）の受刑者と比べようもありません。

重い罰を受けている受刑者ほど、幼少期に受けた心の傷が自分の犯罪と関係していたことに気づいたときの衝撃は大きいのです。心の痛みを吐き出し、その傷が癒された後、彼らは「人とつながって生きたい」「新しい人生を歩みたい」という意欲を持ちます。

もちろん、「すべての受刑者が更生できる」などと傲慢なことは言いません。しかし更生する凶悪犯罪者は確実にいるのです。

本書は、前著と違って、受刑者のことを中心に書いています。しかし本書も前著と同様、矯正関係者のみならず、親、教師、カウンセラーなど多くの人に読んでほしいと思っています。なぜなら、凶悪犯罪を起こした受刑者を支援する方法は、一般の人の心の問題を考える大きなヒントになるからです。

本書に事例として登場する受刑者は、すべて長期累犯受刑者です。本人と特定できないように、事例の内容は修正してあります。受刑者が書いた文面は、内容を損ねない程度に手を加えています。また、事例を公表するにあたり、刑務所と受刑者本人の許可を得ています。

凶悪犯罪者こそ更生します——目次

第1章　受刑者が更生できない本当の理由

殺人事件を起こした理由が「遺伝」⁉

最初に、私が刑務所で支援を始めたときの体験から書くことにします。今だから話せますが、当時の私は「刑務所」という施設そのものにほとんど知識がなく、どの刑務所も同じようなものと思っていました。しかも、しばらくの間、私は、自分が務めている刑務所が凶悪犯罪を起こした受刑者が収容されている「LB指標の刑務所」であることを知らなかったのです。最初の1年は、個人面接だけをしていました。面接を開始した頃は、ちょうど季節が初夏に入るときでした。受刑者は皆、半そでに半ズボン姿です。まず私は彼らの外見に面喰らいました。数名の受刑者ですが、二の腕と両足に彫り込まれた刺青を見て、正直に言って、恐怖を感じました。刑務所での面接は月に一回のペースでしたが、恥ずかしながら、初期の頃は、面接日の前日になると「あ〜、明日は刑務所か……」と暗い気分になり、いつ辞めようかとも考えていました。

そうした思いを抱きながらも、面接を続けるうちに次第に慣れてきました。やがて受刑者の刺青も気にならなくなり、彼らの表情にも目が向くようになりました。意外に思われるかもしれませんが、面接をすると、「この人が本当に殺人を犯したのだろうか」と思えるような穏やかな人ばかりなのです。何より、彼らが健康的に見えるのには驚きました。理由は単純です。彼らは朝早く起きて、時間通りに刑務作業を行い、消灯は9時です。まことに規則正しい生活習慣なのです。そして、食事はバランスよく、ちゃんとカロリー計算もされていて、一言で言えば「健康食」です。メタボで入所してきた受刑者も、数ヶ月で標準体重になります。ときどき私は、刑務所で受刑者が入所した際のプロフィールを見せてもらいますが、写真を見ると、入所したときとはまったくの別人です。刺青を除けば、社会で普通に生活している人と何ら変わりありません。

受刑者の面接に慣れてきた私は、それまで社会でやってきたカウンセリングと同様、刑務所においても、まず彼らの言葉に耳を傾けることから始めました。彼らを反省させようという考えは存在しません。あるのは、彼らがどうして犯罪を起こすに至ったのかを知ろうとする姿勢です。とにかく目の前にいる受刑者のことを理解しようと努めたのです。そのうち、面接のなかで、私の心のなかに浮かんだ考えを受刑者に伝えられるようになり、ときには私の言葉が彼らの心に届いている実感さえ覚えるようになりました。

やがて、刑務所の刑務官が私のことを「外部の支援者」として一目置いてくれる存在となるきっかけを与えてくれた受刑者と出会うことになります。30代半ばの殺人を犯した受刑者です。名前を中川としましょう。面接で、中川は「被害者に対して申し訳ないことをしたと思って反省しています。しかし具体的にどのように反省したらいいのか分かりません」と言ったのです。さらに「毎日、経を読んだり聖書を勉強したりしているが、これでいいのか正直分からない。そう思うと、暗い気持ちになって、やる気が起こらない」と言い、さらに「本当は被害者の苦しみがよく分からないのです」とも付け加えました。中川は本音を語ったのです。面接を進めていくなかで、自分が起こした殺人事件の理由を尋ねると、驚くことに彼は「遺伝です」と言いました。私は自分の耳を疑いました。彼が何を言おうとしているのか、まったく意味が分からなかったのです。「なぜそう思うのですか」と質問すると、彼は「自分の父親が殺人事件を起こしていたので、自分も殺人をする運命にあったのです」と迷いなく答えました。中川の話を聴いて、心のなかで私は「なるほど。遺伝と思い込んでいるから、どう反省していいのか分からないし、反省しても深まらないのだろう」と考えました。

私は、彼の生い立ちに耳を傾けることにしました。すると、中川の不遇な幼少時代が明らかになってきました。幼少の頃に両親は離婚しており、施設に預けられた中川は「親の愛情」というものを知らずに育っていました。彼の父親は、彼が高校生のとき、居酒屋で喧嘩をし、彼の目の前で出刃包丁を使って人を殺したのです。「このとき、『ああ、俺の人生は終わった』と思いました」と中川は言いました。父親が目の前で殺人を犯すのを見た中川は、自暴自棄になりました。そんな彼を救ってくれたのは、当時暴力団に所属していた友人でした。中川が友人と同じ暴力団に加入するのに時間はかかりませんでした。組長は彼を歓迎し、組長の妻は彼に優しく接してくれました。やがて組長は、組にとって面倒な存在であった被害者を殺害することを中川に依頼し、彼は父親と同様、出刃包丁で被害者を殺害したのです。こうした事実を吐露した後、中川は「あいつ（被害者）さえいなかったら、自分はこんな所（刑務所）に来ることはなかったんだ」と激しい口調で語ったのです。

否定的感情が出たときこそ大チャンス

受刑者が被害者に対する否定的感情を話し出したら、普通、刑務官はどのような対応をするでしょうか。「被害者に対して不満や怒りがあるなんて、とんでもない。被害者の苦しみを考えて、もっと経を読んだり宗教を学んだりしなさい」と言うかもしれません。少なくとも、教誨師《きょうかいし》（宗教家）が面接したら、「もっと宗教を勉強してください。心が救われます」と間違いなく言うでしょう。そうなると、中川はさらに経を読むことや聖書の勉強に励むことになります。そして、彼はもやもやした気持ちを持ちながら、ますます何をしているのか分からなくなったでしょう。

教育に携わる人全般に言えることですが、とくに刑務官は、人（受刑者）の「間違った考え」を正そうとして、説諭しようとしがちです。「そういう考え方だから犯罪を起こすのだ」とか「君の考え方は間違っている。もっと真剣に反省しなさい」といった言葉を返します。確かに、刑務官の言っていることは正論です。しかし正論は「正しいこと」であるがゆえに、受刑者は何も言い返すことができません。そうすると、せっかく心を開いて本音を語ってくれたのに、受刑者は再び心を閉ざすことになります。正論は人（受刑者）の心を閉ざす「言葉の凶器」となるのです。

受刑者が語る不満や怒りといった否定的感情は、一般的には容認されませんが、本音なのです。なかでも否定的感情という本音が出たときは大チャンスです。なぜなら、ずっと抑圧していた「負の感情」を外に出し（せ）て、心の整理をする第一歩となるからです。こういうときに正論をぶつけると、更生できる「芽」を摘むことになります。

本音に対して正論を言うのではなく、「なぜそう思うのですか」と問いかけ、受刑者本人も気づいていない深層心理を引き出すのです。中川の場合、「なぜ遺伝だと思うのですか」と問いかけるところから、彼の過去が明らかになっていきました。

中川の話を聴いて、私は「被害者に対して不満や怒りがあるのなら、そうした気持ちを思い切り手紙の形で書いてくれませんか」と宿題を出しました。「私から被害者へ」の手紙（ロールレタリング）です。普通、被害者に手紙を書くとしたら、謝罪文や反省文となります。自分が殺害した被害者に対して、常識で考えれば、不満や怒りを書くことなど許されるものではないからです。しかし矯正教育とは、本来、「心の治療」をすることです。たとえ対象が被害者であったとしても、受刑者の心のなかに不満や怒りがあるのなら、それらの感情を外に出さないかぎり、心からの反省などできません。なぜなら、被害者に対して否定的感情を持ち続けたままで、被害者（遺族）の苦しみや悲しみを考えることは、人間の心理として無理だからです。

本来、中川との面接は一回だけの予定だったのですが、私は継続して面接することにしました。二回目の面接で、中川は被害者に対する不満や怒りを書いた手紙を持参してきました。文面の前半には、「あんたが悪いんですよ」「すべての責任はあんたにあるんですよ」と被害者を攻撃する文章が並んでいました。しかし文面の後半から、内容がガラッと変わります。「思い切り言いたいことを書いてみて、初めて私はとんでもないことをしたことに気づきました。理由はどうあれ、私があなたの命を奪ったことは事実です。私のしたことはけっして許されることではないことに今頃になって気づきました」と記され、最後は「何と言って謝っていいか分かりません。私はなんということをしたのだろう……。本当にごめんなさい。本当にごめんなさい」と締めくくられていました。

中川は、被害者に対する否定的感情を吐き出せたことで、初めて自分自身が起こした事件と向き合うことができたのです。その後、彼は、酒ばかり飲んで暴れていた父親に対する怒りや養育を放棄した母親に対する悲しみを手紙の形で吐き出し、どんどん気持ちを整理していきました。結局、面接は十数回に及びました。最後の面接では、彼は、被害者に対して心から謝罪する思いを手紙に書きました。面接が終わる際、中川は「ただ反省するだけではダメなことに気づきました。本当に反省するためには、過去を振り返って自分をみつめないといけないのですね」と言って、私に深々と礼をしました。

心を救うはずの宗教が「凶器」に

中川のケースから、何より本音を言うことの大切さが理解できます。そして、被害者に対して否定的感情がある場合、被害者の心情を理解させて反省させようとする教育は、人間の心理として、無理なことをしていることが分かります。不満や怒りを外に出すことで、初めて自分の犯した事件と向き合えるのです。

遺族にとっては、「被害者に対して不満や怒りがあるなんて許せない」と考えるのは当然のことです。だからと言って、いくら被害者の心情だけを考えさせても、初回面接で中川が言ったように、被害者の悲しみや苦しみは分かりません。中川にとって、反省は、心の奥底でずっとくすぶり続けていた「本音＝被害者に対する否定的感情」に「蓋をすること」になっていたのです。否定的感情に蓋をすることは、さらなる抑圧を生むことになります。そして、中川の反省の方法は、経を読んだり聖書を勉強したりすることでした。しかしその方法では、自分自身の本音から、どんどん遠ざかっていくことになっていたのです。

誤解がないように言いますが、私は受刑者が宗教を学ぶことを否定しているわけではありません。しかし受刑者が宗教を学ぶのは、心の整理をした後でないと有益なものとはなりません。少なくとも、更生という点から言うと、自分の内面をみつめないで宗教を学ぶことは、とても危険です。彼らの心のなかには犯罪を起こすに至る「それなりの理由」があるのです。そうしたネガティブな感情を解放する前に宗教に救いを求めることは、一時的な効果はあったとしても、結局は何も解決しません。

また、このケースで見逃せないことは、中川が自分の犯した事件の理由を「遺伝です」と語ったことです。なぜ彼は、自分の殺人の理由を「遺伝」と考えていたのでしょうか。「受刑者は知能レベルが低いから」と考えるのは短絡的です。確かに、受刑者の大半は、まともに学校教育を受けていないので、学力はありません。しかし本当の理由は別のところにあります。「まえがき」で述べたように、受刑者は誰かに自分のことをしっかりと聴いてもらった体験がありません。彼らも自分のことを誰かに話しません。誰にも話さないので、自分のどこに問題があったのか、事件にかかわる自分の内面の問題について掘り下げて考えることはありません。そして、刑務所では、ただ反省を求められるのです。しかし反省の仕方が分からないので、反省しようと思う者は、とりあえず経を読んだり聖書の勉強をしたりして、何となく反省している気持ちになります。これは非常に危険なことです。なぜなら、経を読んだり聖書を学んだりすることが、「抑圧する手段」となっているからです。

「反省の仕方が分からない→宗教を学ぶ→否定的感情に蓋をする→いつまでももやもやとした気持ちがなくならない→さらに宗教を学ぶ→ますます自分の本音を抑圧する→出所するときには爆発寸前」

このパターンに陥っている受刑者は少なくありません。そうすると、中川が「遺伝です」と言ったとき、どのように対応するのかがポイントとなります。なぜなら、「遺伝です」という言葉は、確かに「あいまいな理由」ですが、彼の本音だからです。このとき、「おかしなことを言う奴だな」と考えて、「いい加減なことを言うな」と叱責したり「まじめに反省しなさい」と説諭したりするのではなく、本音としてさらに話を聴くのです。しかし現実には、叱責や正論を返すことで受刑者の更生するきっかけを奪っています。矯正教育にかかわる者は、このことに気づいておかなければなりません。

私たちも、日常生活で、本当のことを言ったのに誰かに叱られたり説教されたりしたら、腹が立ったりやる気を失ったりしないでしょうか。悪いことをしたとはいえ、受刑者も同じ感情を持ちます。そう考えると、厳しい言い方になりますが、受刑者が更生できない一因は、指導者側にもあるのです。
「遺伝です」と言うようなケースは極めてまれですが、受刑者に犯罪を起こした理由を問うと、中川のような「あいまいな理由」が語られます。それでは、具体的にどのような「あいまいな理由」があるのか、いくつか例を挙げてみましょう。

「自分が弱かったから」「考えが甘いから」

受刑者がよく口にする「あいまいな理由」は、「自分が弱かったから」です。とくに覚醒剤の使用者は、この言葉を口にします。「自分が弱かったから」を覚醒剤の使用の理由にしてしまうと、彼らは「強くならないといけない」と考えることになります。そして、指導者も「自分の気持ちを強く持てよ」と言うのです。確かに、「覚醒剤を二度と使わない」と強い気持ちを持つことも大切ですが、それだけでは抑止力になりません。むしろ「強くならないといけない」という考え方を持つと、自らにプレッシャーをかけ、しんどい気持ちになっても周囲に弱音を吐けなくなります。そうするとさらに抑圧を強めることになって、やがて爆発します。指導者が良かれと思って励ました言葉が、再犯の後押しをしているのです。

そもそも「自分が弱かったから」というのは事件を起こした理由になりません。なぜなら、人間は皆、弱い生き物だからです。弱いから、人は誰もが、他者を頼って生きています。覚醒剤を使用した受刑者は、人に頼れなくなって、モノ、すなわち覚醒剤に走った（頼った）のです。したがって、彼らが更生するためには、「なぜ人に頼れなくなったのか」をみつめないといけません。原点は、幼少期の親子関係にあると考えます。親（あるいは養育者）が、子どもの心を受け止める人ではなかったのです。

たとえば、子どもが友だちに嫌なことを言われたとしましょう。子どもは親に苦しみを訴えます。しかし、親が苦しみを受け止めるどころか、「そんなことくらいで悩むな。もっと強くなれ」と言ったとします。子どもは二度と親に苦しみを訴えることはしないでしょう。ここにおいて、子どもは親に素直に頼れなくなります。子どもは苦しいことがあっても、親の言うとおり「強くなろう」と思うかもしれません。そうすると、強くなろうとすればするほど、ますます心は苦しくなります。そのとき、友だちからタバコを勧められたら、手を出すのに時間はかかりません。タバコは、そのときの心の苦しみを和らげてくれます。そして、心の苦しみが強くなればなるほど、人に頼ることができなくなり、さらに強いモノ（刺激）を求めるようになります。これが、タバコから始まり、シンナーから覚醒剤へと向かう典型的なパターンなのです。

「考えが甘いから」という理由も、上記に書いたことと同じです。覚醒剤を使用した受刑者が、出所した後仲間からヤキを入れられることがあります。仲間にとってみれば、罰を与えて「甘い考え」を叩き直す意味があるのです。そうすると、出所した受刑者は、やはり「強くならないといけない」というパターンにはまります。彼らにとって反省とは、「自分の心の弱さ」を戒めることです。そして、「強くならないといけない」と考えて、自分の苦しみや辛さを誰にも言わず抱え込みます。結果として、ストレスがたまり、人に頼れなくなって、再びモノ（覚醒剤）に戻ってしまうのです。

覚醒剤を使用して殺人などの凶悪な犯罪を起こした受刑者は「覚醒剤を使った」ことを事件の動機と考えていることがあります。そのこと自体は間違いではありませんが、彼らの考えは「覚醒剤を使った」ことで止まっているのです。それ以上、自分の内面を掘り下げて考えることはしません。「覚醒剤を止める」という決意をすることは必要ですが、その前になぜ自分は覚醒剤を使うようになったのか、人に頼れないで覚醒剤というモノに依存して（頼って）しまったのか、そうした理由を考えないかぎり、自分の内面の問題をまったく理解していないので、同じ過ちを繰り返す可能性があります。

覚醒剤使用者やアルコール依存症の受刑者に共通することは、日常生活において人に対する甘え方がうまくないことが挙げられます。上手に自分の気持ちを伝えられないのです。上手に自分の気持ちを伝えられないストレスから、覚醒剤やアルコールに走るのです。人に甘えられなかった理由を考えると同時に、人に対する甘え方を身に付けないかぎり、覚醒剤やアルコールへの依存から手を切ることは難しいでしょう。

「カッとなったから」「性格が短気だから」

受刑者に対して「あなたの性格は？」と質問すると、大半が「短気です」と答えます。そして、自分が犯した事件の動機が「カッとなって、やって（殺害して）しまった」と言う受刑者が多いのです。彼らは自分の性格が「気が短い」から、「殺人を犯した」と思い込んでいます。これこそ「あいまいな理由」の最たるものです。

こうした受刑者の心の奥底には「大きな怒りの感情」があります。ある50代の殺人を犯した受刑者を例に挙げましょう。仮に名前を阿部とします。阿部は、居酒屋でからまれたことがきっかけで、「カッとなって、（被害者を）殺してしまいました」と言いました。「だから怒りの感情をコントロールしています」と続けました。当然、刑務所内では、「まじめ」に務めています。腹が立つようなことが起きても、心のなかで「我慢する。我慢する」という言葉を何度も繰り返しているのです。このような受刑者は、極めて危険です。なぜなら、怒りの感情をコントロールするということは、自分の本音をずっと抑え込んでいることになるので、いつか大爆発するからです。阿部は、普段はとてもおとなしいのですが、たまにキレると、すさまじい暴力で相手をやっつけます。きっかけは些細なことであっても、心の奥底にあった「大きな怒りの感情」に反応するので、「怒りのスイッチが入る」のです。怒りのスイッチは、もはや目の前の相手に対してではなく、幼少期から積み重なった「大きな怒りの感情」とつながっています。

人は誰もが「愛されたい」という欲求を持っています。その欲求が満たされないと、容易に「怒りの感情」が生まれます。寂しいという感情は、受け止めてくれる人がいて、初めて満たされるのです。受け止めてくれる人がいないと、人は寂しいという感情をずっと持ち続けることになります。それと同時に、怒りの感情が積もっていきます。受刑者の怒り方が尋常でないのは、「俺は一人ぼっちなんだ！」「誰にも愛されていないんだ！」という恐怖心にも似た大きな怒りが根本にあるのです。

阿部のような受刑者は、幼少期から強烈な孤独感を抱きながら生きてきた過去を持っています。阿部は、生まれてすぐに捨て子にされ、乳児院に入れられ、その後児童養護施設に収容されました。当然、彼は「親の愛」を知りません。そして、施設に入所してくる子どもたちは、彼と同様、過酷な幼少期を過ごしています。集団生活で問題が起きないように、職員のなかには「力」で彼らを抑え込もうとする者がいます。そうすると、子どもたちの心には「力に対して力で対抗する」「力の強い者が勝つ」という価値観が植え付けられます。施設生活の体験のある受刑者は、施設生活では体罰は日常的にあったと語ります。体罰をふるった職員に対して、何十年も前のことなのに、「あのときのことは絶対に許さない」と強い憎しみを口にする受刑者も少なくありません。強烈な孤独感と「力に頼る価値観」がセットになって、幼少期に抱いた施設での強い怒りが引き金となって、最悪の結果として殺人という事件を起こす者もいます。

こうした受刑者に対して、感情をコントロールする方法を身に付けさせることは、あまり効果が望めません。彼らに本当に必要なことは、強烈な孤独感によって傷ついた心を癒すことです。阿部のような受刑者に罰だけ与えても立ち直れない理由は、ここにあるのです。

受刑者が口にする「気が短い」という言葉をスルーしてはいけません。具体的にどんなところが気が短いのか、気が短いということでこれまでどんなことをしてきたのか、いつからそういう性格になったのか、親（あるいは養育者）との関係はどうだったのかなどを詳細にみていかないといけません。「気が短い」という言葉に対して、「気を長く持ちなさい」と助言することはまったく意味がありません。

万引きの理由は本当に「スリル感覚」なのか

「あいまいな理由」の最後に、「スリル感覚」という言葉を考えてみましょう。この言葉は、万引きなどの軽微な犯罪に使われる言葉ですが、非行や犯罪の心理を非常にあいまいなものにしています。

大学の授業で、学生が非行や犯罪についてプレゼンテーションするとき、「万引きはスリル感覚を求めるもの」と書かれたレジュメをよく目にします。学生は、非行や犯罪の本からこうした文章を引用しています。「万引き＝スリル感覚」という「公式」が何の疑いもなく学生に理解されているのです。本を読んでいると私自身も、こうした文章を目にすることがあるので、多くの非行や犯罪を研究する学者が当たり前のように、万引きを「スリル感覚」という形で理解していることが分かります。

確かに、万引きは軽微な犯罪ですが、窃盗という立派な犯罪です。これがエスカレートすると、殺人事件が起こる場合があります。ある30代の受刑者は、本屋で本を盗んだところ、店主に見つかって逃げました。公園まで逃げたところで、追いかけてきた店主に対して、路上にあったブロックを投げて殺害してしまったのです。本一冊で、殺人が起きるのです。凶悪な事件にまで発展する可能性がある万引きという犯罪を「スリル感覚」という言葉でごまかしてはいけません。

「スリル感覚」とは、「スリルを求める」という欲求があることを意味します。言い換えれば、人の物を勝手に盗ることが「快感」になっているのです。そうすると、なぜ「万引き」という犯罪が快感になるのかを考えないといけません。そもそも人間が生まれながらに持っている快感とは、「温かい人間関係のなかから得られるもの」です。誰かに褒められたり優しくされたりすることで、快感を得るのです。そのように考えると、万引きで得られる快感は、後天的に獲得した「歪んだ快感」と言えます。それでは、なぜ歪んだ快感を持つようになるのでしょうか。

人のものを黙って盗るということは、盗まれた側の気持ちをまったく理解していないことを意味します。盗まれた人が傷ついていることに鈍感になっているのです。それでは、なぜ鈍感になるのでしょうか。

万引きは「罪悪感に乏しい」とよく言われるように、何度も物を盗むことによって、次第に「悪いことをしている」という意識が希薄になっていきます。しかし、初めから罪悪感がなかったわけではないはずです。初めて万引きをするときは、「見つかりはしないだろうか」とハラハラして緊張感もあったでしょう。そうすると、万引きをすることに「スリルを求める」と答えた者に対して、初めて万引きをしたときのことを考えさせる必要があります。必ず理由があるはずです。「ムシャクシャしていた」と答えるかもしれません。その場合、具体的にそのときどんなことがその子（人）に起きていたのか、事実を聴いていくのです。「友だちに誘われたから」と答えるかもしれません。その場合、なぜ万引きに誘う「悪い仲間」と付き合うようになったのかを質問していきます。最初に「誘われたから」と言った場合「一回目は自分の意志だったのではないかな」と問い返して、万引きという犯罪に向き合わせます。非行少年や受刑者との面接では、始めてからしばらくは受容的に話を聴き、最後は自らが犯した行為と向き合わせます。そうすると、家にいてもおもしろくなかったとか、学校でいじめにあっていたとか、誰にも相手にされずに孤独だったとか、自分自身が傷ついていた過去が明らかになります。人を傷つける行為ができるための条件は、自分が傷ついていることなのです。したがって、支援者は、いつ、どこで、どんなふうに傷ついているのかを探っていくのです。それと同時に、そのとき傷ついた心をケアすることで、初めて常習化した万引きという犯罪行為を止める決意が生まれるのです。

万引きをする子ども（大人）たちには心の傷があるという視点で捉えると、見逃してはいけないことがあります。人の物を黙って盗るということは、非常に幼稚な行為です。ということは、万引きをする子ども（大人）は、幼少期に大人（とくに親）に対して素直に「ちょうだい」と言えなかった過去があるのです。「ちょうだい」という言葉は、「愛してほしい」と言い換えることができます。「ちょうだい」とは愛を求める行為です。彼らは、親から愛されなかったのです。「ありのままの自分」を受け止めてもらう体験がなかったのです。「ちょうだい（愛してほしい）」と言っても受け止めてもらえないから、「隠れて盗む」という行為に走るのです。

幼少期に子どもが家の金を盗むケースがよくありますが、「家の金を盗む」ことは「親の愛を盗む」ことを意味します。素直に言っても手に入らないから、隠れて盗むしかないのです。しかし、それで彼らは本当に得たいモノを手にしているわけではありません。彼らが本当に求めているモノは「愛」なのです。「愛」が得られないからいつまでも満足できず、盗むという行為が繰り返されることになります。そして、だんだんエスカレートしていくのです。こうして万引きは常習化していきます。

「万引き」を「スリル感覚」という「あいまいな理由」でごまかしてはいけません。本当は、愛情飢餓という根深い問題があるのです。

形骸化した「反省させる教育」

繰り返し述べているように、私は、受刑者が本音を話さないかぎり、本当に反省することはできないと考えています。「そんなことは甘いではないか。殺人という大罪を犯したのだから、人を当てにしないで、一人でもしっかり反省しないといけないではないか」との声が聞こえてきそうですが、事はそう簡単ではありません。

大半の受刑者は、まじめに刑務作業をすることが「罪の償い」と考えています。そして、被害者側にとっては極めて残酷な言い方になりますが、そのこと自体、法的には間違ってはいないのです。刑務所に入って社会的制裁を受けているのだから、「被害者のことまで考えたくない」というのが彼らの本心です。しかし反省もしないで刑期を終えて出所するのですから、多くは再び犯罪に手を染めることになります。反省しなかったツケは、彼ら自身に全部はね返ってくるのです。ある50代の受刑者は「ワシらは、違う刑務所をグルグルと回っているだけですよ」と語ったことがありますが、彼の言葉はけっして冗談ではありません。

こうした現実があるだけに、刑務所側も何もしないわけにはいきません。「受刑者を更生させないといけない」と考えて、「反省させる教育」を行います。しかしLB指標の刑務所には数百人もの受刑者がいて、しかも彼らは全員10年以上もの刑期を抱えています。無期懲役囚も収容されていて、彼らのなかには最長で実に50年以上、収容されている者もいます。10年から50年という幅のある刑期の受刑者に対して、矯正教育にかかわっている刑務官は数人です。人的資源と更生のためのノウハウがないだけに、「反省させる教育」といっても、カタチだけのものになります。

新しい法律が施行されて、改善指導というグループワークを行うことが義務づけられましたが、実際に受講できる受刑者は数人に限られています。結局、全員に「反省させる教育」を行うとなると、旧来と変わらず、被害者遺族の生の声を録音したテープを聴かせたり被害者遺族の手記を読んで感想を書かせたりすることになります。そして、この教育を受けることに対して不満を口にする受刑者はいません。受刑者も「反省させる教育」を受けることは当たり前と思っているのです。しかし本当に反省している受刑者はほとんどいないのです。そして、刑務官も内心では今の教育で彼らが反省できるとは思っていません。

受刑者にとって、本当に反省するために必要なことは、自分の本当の気持ちを話すことです。そして、「本当の気持ち」とは、実は「負の感情」なのです。私は、すべての受刑者は心の奥底に何らかの「負の感情」を秘めていると考えています。この感情が解放されないかぎり、被害者のことを考えるには至りません。そこで、彼らが心の奥底に持っている「負の感情」にはどういったものがあるのかをいくつか挙げてみます。

「俺の方が被害者だ」「あいつ（被害者）が悪い」

人は、なぜ人を殺すのでしょうか。難しい問いと思われるかもしれませんが、実は日常生活を送っている私たちは皆、その答えを知っています。解答は、毎日のようにテレビで放映される「殺人事件のドラマ」のなかにあります。

ドラマのなかの犯人は、なぜ被害者を殺害するのでしょうか。理由は簡単です。被害者に対する「負の感情」です。簡単に言えば憎悪です。「あいつ（被害者）さえいなければ、俺は普通に生活できたのに！」「奴のせいで私の人生はメチャクチャになった！」「脅してきたのはあいつの方だ。俺の方が被害者だ！」といった言葉を犯人は口にします。これはドラマの台詞ですから、犯人が被害者を殺害した「理由」を吐露する場面は現実にはありません。しかし、彼らの言葉は、現実に起きている殺人事件との共通点があるのです。

人を殺さないといけないくらいの強い「負の感情」があるからこそ、加害者は「覚悟」を持って、事件を起こすのです。憎悪を抱く対象を殺害したのですから、逮捕された直後からすぐに反省に転じることは、人間の心理として不自然です。後悔したりパニックになったりすることはあっても、被害者の苦しみを理解することは、少なくとも事件が発覚した時点ではあり得ません。頭のなかは、我が身のことだけなのです。

とくに長期累犯受刑者の場合、刑務所のなかでも被害者に対する否定的感情を持ち続けている者が少なくありません。「被害者に対して申し訳ないことをした」と思い始めた受刑者も、「先輩」である受刑者から「ワシらの方が被害者だ。ワシらはこうして

（刑務作業をして）罪を償っているではないか」と言われれば、その言葉に流されてしまいます。自分の問題をみつめないための方法は、他者（被害者）に責任を転嫁することなのです。こうして受刑者はますます事件から目を背けていきます。

具体例を挙げましょう。ある50代の受刑者は、犯行のときに使われた「出刃包丁」のことを訴えました。彼は、出刃包丁で被害者を殺害したのですが、「出刃包丁は向こう（被害者）が用意したんです」と私との面接で繰り返しました。しかし裁判では、彼が用意したものと断定され、殺人罪としての量刑も重いものとなりました。彼は「あいつ（被害者）が持ってきたんだ。悪いのは向こうの方だ」と一貫して主張しますが、実際のところは分かりません。ウソを本当のことと思い込むなかで、いつのまにか「事実」に変えてしまう受刑者がいるのです。彼の心のなかでは、「出刃包丁は被害者が用意したもの」との「確信」に変わり、その結果いつまでも被害者を恨み続けるのです。

もう一つ事例を挙げましょう。ある40代の受刑者は、「私は、殺人をしたことをまったく後悔していない」ときっぱり言いました。理由を問うと、自分の犯行を「復讐」と答えました。彼は、実の兄を殺害したのです。仕事に就かず遊んでばかりいた自分の兄が母親と一緒に車に乗っているとき交通事故を起こし、母親だけが死亡しました。彼が愛する母親を、事故とはいえ死なせたうえに、母親の保険金を勝手に使い込んだため、兄に対する憎悪を募らせたのです。「悪いことをした奴を殺して何が悪い。自業自得だ」というのが彼の「言い分」です。彼は、私の授業を受けた受刑者でした。すべての授業が終わった後のアンケートの「被害者に対する『罪の意識』は深まりましたか」の質問に「まったく思わない」と回答していたので、個人面接を行って理由を尋ねたところ、初めてこの事実を語ったのです。私は個人面接の継続を提案しましたが、彼は拒否しました。「気持ちは変わることがない」というのが彼の最後の言葉でした。

自分が殺害した被害者に対して不満や怒りがあるなんてもってのほか、と考えるのが普通の感覚です。刑務官は「(被害者に対して不満や怒りを持つという)その考え方が間違っている」と受刑者に説諭するでしょう。しかしその言葉は、受刑者の心に届きません。反省を促す教育をすればするほど、「申し訳ありませんでした」と心にもない謝罪や反省の言葉を口にするだけで面従腹背の態度を取ります。

したがって、被害者に対して不満や怒りがあるのなら、それらを出すことから始めないと、本当の反省には導けません。警察に対する恨みがあるなら、まずそのことに徹底して耳を傾けるのです。判決に不服があるのなら、その不満を吐き出すところから始めます。被害者と向き合う前に、自分自身の心に否定的感情があるのなら、それを外に出さないかぎり、自分の罪と向き合うことはできません。

「あいつがチクったから」「命令されたから」

二つ目として、自分自身が事件に巻き込まれた（と思い込んでいる）場合があります。要するに、「俺はだまされた！」と思うわけです。そして、このケースも、受刑者は「自分の方が被害者だ」と考えています。ある30代の受刑者は、幼い頃から兄に暴力を受けており、成人になっても兄の言うことに従って生きてきました。暴力団に加入した兄は、ある飲食店の経営者とトラブルを起こし、殺害を決意しました。兄は、弟に死体の運搬を手伝うように命じました。弟は何度も断りましたが、最終的には兄に従うしかなく、死体の運搬役として車のハンドルを握ることになりました。殺害後、事件はすぐに発覚し、兄は無期懲役刑を下され、彼も共犯者として逮捕されました。刑期は兄よりはるかに軽いものの、彼も殺人罪に問われ、服役することになりました。しかし彼には人の殺害にかかわったという意識がまったくありませんでした。彼の心のなかには、兄に対する憎しみと、兄の命令に従ってしまった自分自身の「心の弱さ」（彼が言った言葉です）という後悔の思いしかなかったのです。

　ある40代の受刑者も、共犯者として殺害に加わっていました。彼の場合、被害者に対しても否定的感情を持っていました。共犯者は、彼を含めて三人です。被害者は、主犯格の者と、彼を含めた三人に対して、日頃から暴力行為をはたらき金の無心もしていました。「金がない」と言うと、被害者は「妻や子どもに手を出すぞ」と脅しをかけたのです。三人が疲弊しきったなかで、主犯格の者が殺害を計画し、「絶対バレないから、奴（被害者）を殺そう。万一バレたとしても、お前たちのことは絶対に言わない」と言って強引に二人を仲間に引き入れました。主犯格の者が拳銃を調達し、死体をコンクリート詰めにするという計画です。彼は、主犯格の者の言葉を信じ、死体の運搬をしました。完全犯罪を目論んだものの、事件はあっけなく発覚しました。主犯格の者が警察に任意同行を求められ、あっさりと犯行を自供したのです。共犯者の名前もすぐに話しました。彼は、被害者に対する不満もありましたが、何よりあっさりと「仲間を謳《うた》った（自供した）」主犯格の者に対して憎しみを持っていました。彼も「人を殺害した」という意識が希薄でした。

　二つのケースを読むと分かるように、共犯者に対する否定的感情が根強くあります。

彼らにとって、被害者のことを考えさせる前に、共犯者に対する恨みや怒りの気持ちを吐き出させることが必要です。前者の場合、自分が兄の命令に従ってしまったことを「心の弱さ」と捉えていることも問題です。すでに述べたように、「あいまいな理由」でごまかして、自分の内面の問題と向き合っていないのです。

「男らしくあらねばならない」という価値観

三つ目を挙げましょう。受刑者が持っている「男らしくあらねばならない」という価値観です。日本の男性なら、誰もが多少なりともこの価値観を持っていて、「男は勝たなければならない」「男は弱音を吐いてはいけない」といった考え方を刷り込まれているものです。そして、ほとんどの受刑者は、この価値観を強烈に叩き込まれています。

ある30代の受刑者は、父親から暴力を振るわれてまで「男は勝たなければならない」「弱い者を守らないといけない」と厳しいしつけを受けて育ちました。商才のあった彼は、成人になって会社を興すまでになりました。あるとき部下から「悪い奴に脅されている。助けてほしい」と言われ、父親の教育通り、「部下＝弱い者」を助けるために殺人に手を染めたのです。当初、彼は「悪い奴を殺したのだから、自分は間違ったことをしていない」と自分の犯罪を正当化していました。

しかし、自分の心のなかを整理していくうちに、部下の手前、逃げるわけにはいかない、すなわち「カッコつける」ために事件を起こしたことに気づきました。彼は、被害者とはまったく面識がありませんでした。したがって、彼自身には被害者に対する恨みや怒りがありません。ただ、部下から「助けてほしい」と言われたことが殺人の動機となっていたのです。言い換えれば、「弱い者を助けないといけない」という強い「正義感」が彼の心のなかにあったわけです。正義感は、一般的には、正しいものとして容認されている価値観ですが、裏を返せば、「悪い奴は絶対に許せない」という考え方に通じます。強い正義感がきっかけとなって事件を起こすケースは少なくないのです。

先に取り上げた、主犯格の者に恨みを持っている40代の受刑者もこの価値観を強く持っていました。名前を吉本としましょう。吉本は、自分が被害者から暴力を受けていたり脅されていたりしていたことを誰にも相談していなかったのです。当然、犯行のことも話していません。話せなかった理由は、自分の悩みを相談するという体験が、それまでの彼の人生にはなかったからです。では、なぜ相談しなかったのかというと、吉本の心のなかに「相談することは弱音を吐くこと」「弱音を吐くことは恥ずかしい」「男なら人に頼らず、一人で問題を解決しなければならない」といった考え方があったからです。

実は、吉本は、私の授業を受けた受刑者の一人でした。授業を受けるなかで、自分の本当の気持ちを語り始め、被害者に対する憎悪さえ吐き出しました。その結果、気づいたことを次のようにノートに書いてきました。

「私はいまだに横山（仮名。被害者の名前）に対しては憎しみとか、あいつにさえ出会わなければとかという気持ちがあります。

授業を受ける前は、そうした気持ちを押し殺し、いくら憎い奴でも死んでしまったのだから、やはり反省、謝罪をしないといけないと自分に言い聞かせていました。

今思うと、そうすることで、自分のなかで違和感が発生し、謝罪しようと思う自分と、何で私が謝らないといけないのかと考える自分がいました。

月日が経つにつれ、その思いはどんどん大きくなり、まるで二つの人格が私のなかに存在するようでした。

ですが、先生と出会い、その考えが間違いだと分かり、まずは自分の考え、思いを隠すことなく、さらけ出すことで、少しずつですが、自分のその違和感が減り、憎悪などをため込まないことが今の私に必要ということが回数を重ねるうちに、どんどんわかるようになりました」

吉本が書いた文章から、あらためて「反省させること」の問題点を学べます。吉本は、被害者への否定的感情があるにもかかわらず、「反省しないといけない」と思い込んでいました。しかしその姿勢は「二つの人格」をつくるまでに彼を精神的に追い込むものとなっていました。吉本が、被害者への憎悪を口にしなければ、彼は出所後もずっと被害者への憎悪を持ち続けて生きていくことになるでしょう。また、授業を受けていなければ、吉本は「男らしくあらねばならない」という価値観に縛られたままですから、誰にも弱音を吐かない生き方を続けていくでしょう。その生き方は抑圧をさらに募らせることになって生き辛さを生み、最後に爆発（＝再犯）につながる可能性が十分にあります。

しかし、吉本は自分の本音を吐き出しました。だからこそ、彼は反省することの問題と本音を吐き出すことの大切さを理解したのです。ようやく更生の出発点に立てたのです。吉本に残された課題は、自分がなぜ「男らしくあらねばならない」という価値観を持つようになったのかを理解することです（このケースは、第4章で取り上げます）。

二つの事例とも、殺人を起こす要因の一つとして、「男らしくあらねばならない」という価値観が強く影響しています。したがって、彼らはなぜこうした価値観を身に付けるようになっていったのかを過去にさかのぼってみつめる必要があります。それが、自分の内面と向き合うということです。

念のために付け加えておきますが、私は「男らしくあらねばならない」という価値観を否定しているわけではありません。重要なことは、あらゆる価値観について言えることですが、「絶対に正しい価値観」はないのと同時に、「絶対に悪い価値観」もないということです。価値観とは、捉え方次第で、良くも悪くもなるのです。たとえば、「相手の気持ちを考えられること」は、「自分の気持ちを大切にしていない」という見方ができます。「しっかりしていること」は、「自分に無理をした生き方をしている」とも言えます。価値観や考え方には、必ず二つの側面があることに注意しないといけません。

反省する受刑者は「ＫＹ」

被害者と向き合えない理由の最後に、刑務所における受刑者の関係性の問題を挙げたいと思います。

受刑者の刑務作業は、基本的に社会と同じで、カレンダー通りです。月曜から金曜まで刑務作業を行い、土日は免業日（休日）となります。「犯罪を起こした奴に休みを与える必要などないではないか」と思われるかもしれませんが、土日も受刑者に刑務作業をさせると職員が休みを取れなくなるという事情があるのです。

受刑者は、起床、出勤、食事、入浴、就寝など、すべて規則正しい生活にはめられています。平日は自由をまったく奪われているわけですから、土日くらいは自由に過ごしたいと思うのは、人間の心理として仕方のないことです。そういう休みの日に、自分の犯した罪を考え、それを口にする受刑者がいたとしたら、「ＫＹ（空気が読めない）な奴」と周囲の受刑者から煙たがられます。たとえ自分の犯した罪を考えようと思っても、よほどの強い信念がないかぎり、日常生活の惰性に流され、時間が経つにつれ、自分の犯した罪から遠ざかっていきます。

さらに、表面には現れない問題として、実は受刑者同士の関係性があるのです。彼らは、自由な時間は、本や雑誌を読んだりテレビを見たり、何もしないでボーっとしたりしています。雑談している受刑者もいます。雑談をして楽しそうに過ごしているからといって、彼らが互いに心を許しているかと言えば、必ずしもそうではありません。受刑者は、多くの人に裏切られた経験があり、同時に多くの人を裏切った経験もしています。そうした経験があるので、受刑者は同じ受刑者仲間を心から信頼してはいません。本音を言って、変な噂が広まることをひどく恐れています。したがって、彼らは「それなりの付き合い」をするしか仕方ありません。

基本的に、受刑者は、出所することを目標に受刑生活を送っています。仮釈放を得るためにはさまざまな条件が必要ですが、何より刑務所でまじめに刑務作業を務めることが求められます。逆に、規則違反をしたり受刑者間でトラブル（要するに、ケンカ）を起こしたりすると、懲罰と言って、単独室に入れられて「反省」させられます。当然、仮釈放を得るには大きなマイナスポイントです。

そもそも受刑者は、自分の気持ちを上手に相手に伝えることが苦手です。彼らにとって、自分の気持ちの伝え方は、暴力であったり相手を威圧したりする方法です。なぜなら、受刑者の多くは、社会でそのような生き方をしてきたからです。だからと言って、刑務所でもそのような生き方を貫くわけにはいきません。

自分の気持ちを上手に伝えられないので、残った方法はただ一つ、自分の気持ちを言わないことになります。自分の気持ちを上手く伝えようとする気持ちはありません。というよりも、方法を知らないのです。なぜなら、自分の気持ちの上手な伝え方を誰からも学んでいないからです。こうして本音を言わない関係性が強くなっていきます。

彼らには心を開いて本音を言える仲間がいないのです。更生のためのプログラムを組んで、第一回目の授業を行うとき、私が「授業では安心して本音を話してほしい」と伝えると、受刑者から「先生。ここ（刑務所）では、本音なんか言えませんよ」と言われることがあります（ちなみに、この言葉が出たとき、私が「それが、本音ですよね」と切り返すと、一気に場が和むことがあります）。多くの仲間のなかにいて、受刑者は本音を出さ（せ）ず、日々抑圧を強めている（あるいは感情を麻痺させている）のです。その点では、彼らは集団のなかで「孤独に生きている人たち」と言えるでしょう。

「深く反省している受刑者」は危ない

私は、これまで受刑者に授業をするなかで、大雑把に分けて、以下の三つのタイプがあることに気づきました。このなかに私が苦手とするタイプの受刑者がいます。

1　反省していない受刑者（圧倒的多数）
2　反省しようと思っている受刑者（少数）
3　深く反省している受刑者（少数）

「反省しようと思っている受刑者」は前向きに授業を受けてくれるので、更生する可能性が高いことは言うまでもないでしょう。残りの二つのタイプのなかで、私が苦手とする受刑者は「『反省していない受刑者』に決まっているだろう」と思われるでしょう。ところが、反省していない受刑者は、授業のなかで何か気づきを得れば、ガラッと変わることがあります。むしろ、受刑者に授業をする目的は、こうした反省していない受刑者に「変わりたい」という更生への意欲を持たせることにあります。意外に思われるかもしれませんが、私が苦手とする受刑者は「深く反省している受刑者」なのです。

理由があります。深く反省している受刑者は、自分がやったことを悔い、強い自責の念を持っています。心のなかで「私は被害者に対して本当に悪いことをした」「私に生きている価値などない」と繰り返し、自分を責め続けています。被害者遺族にすれば、自分を責め続けることは当たり前で、苦しみ続けてほしいと思われるでしょう。しかし深く反省し自分を責め続けているかぎり、更生は難しいのです。更生が難しいということは、社会に復帰したときに再犯する可能性が高いことを意味します。

それでは、なぜ深く反省し自責の念の強い受刑者は更生が難しいのかと言うと、自分自身を責め続けることが常習化しているので、「違った視点」が彼らの心に入らないからです。たとえば、私が「我慢すること」は「抑圧する側面もありますね」と言っても、彼らは「そうですね」と言うものの、「だけど、悪いのは自分なのだ」と自責の思考パターンに戻ります。授業で、殺人事件の事例を取り上げて、なぜ犯罪を起こしたのか、その背景をじっくり考えさせようとしても、深く反省している人は「やった奴が悪いのです」と即答し、深く自分の内面をみつめようとしません。自分を責めることと、自分の内面と向き合うこととは違います。深く反省しているようにみえて、自責の念の強い受刑者には、事件を起こしたことに対する自己理解が欠けています。

こうしてみると、自責の念が強い人は、非常に「頑固な人」という見方ができます。頑固な人は、他者の意見に耳を傾けようとしません。そして、他者の意見に耳を傾けようとしない人は、他者に頼ったり甘えたりすることもしません。そうなると、社会に復帰しても、人とつながることができません。「自分は悪いことをした人間だ」「生きる価値などない」と思って生きている人は、刑務所のなかはもちろんのこと、社会でも誰かに助けを求めません。誰かに助けを求めることは「甘えだ」と自分を戒めます。そのような考えでいると、孤立するのに時間はかかりません。犯罪者という過去があるだけに、彼らは普通の人以上に、社会で生活することは厳しくなります。しかし彼らは、寂しさや辛さ、ストレスがたまっても、誰かにグチをこぼすことをしません。人間関係がうまくつくれないので、仕事も長続きしません。経済的に破綻し、自暴自棄になるのは時間の問題です。こうした状況に追い込まれて、何も問題を起こさないはずがありません。

私は「被害者の視点を取り入れた教育」（殺人などを犯した受刑者に対して行われるプログラム）の授業で、受刑者に宿題を出して個別にノートのやり取りをしていますが、第一回目の課題は「今、考えていること（悩んでいること）」です。この課題に、被害者に対して謝罪の言葉を書いている人を私は不安視します。こういう受刑者は、変わらない可能性があるからです。謝罪の言葉で始まり、プログラムが終了するまで一貫して謝罪の言葉を書くのです。ということは、自分の内面をまったくみつめなかったことになります。なぜ自分が犯罪を起こすに至ったのか、どのようにして自分の偏った考え方がつくられていったのかを考えていないのです。そうすると、授業を受ける前と、授業を受けた後で、本人の考え方や価値観は何も変わりません。

私の授業を受けた、ある50代の受刑者は、暴力団に加入し覚醒剤を常用していたとき、弟分を殺害しました。殺害した理由は、覚醒剤の使用が警察に分かり、マンションの一室に身を潜めていたところ、潜伏するために必要な物（テレビや冷蔵庫など）を弟分がなかなか用意してくれなかったからです。そのことでイライラが募り、包丁で脅すつもりだったのが殺害してしまったというのです。彼は「弟分に本当に申し訳ないことをした」とひたすらノートに書いていました。

彼が弟分に深い謝罪の念を持つことは十分に理解できます。しかし彼が本当に向き合わないといけないことは、なぜ覚醒剤を使うようになったのか、なぜ暴力団に加入するようになったのか、加入する前にどのような暴力的行為があったのか、そしてそのきっかけは何かなど、過去を振り返って自分がいかに暴力を振るう人間になっていったのかを理解することです。そうした内面の問題をみつめることなく、彼はただ「弟分に申し訳ないことをした」という言葉を繰り返しました。私が力不足だったこともあって、私が提示した「新しい視点」は彼の心には入りませんでした。

犯罪を起こした者が反省し更生するためには、新しい価値観や考え方を手に入れないといけません。私の授業は、そのきっかけを与えるものです。極端な言い方になりますが、ただ謝罪を繰り返す人は、授業を受けて何も考えなかった人ということになります。自責の念を持って反省する受刑者が処遇困難者となる理由はここなのです。

さらに追い打ちをかけることを書きますが、深く反省している人は、刑務官からの評価が高くなります。「深く反省している。良いことだ。その調子でしっかり務めろ」と励まされるわけです。受刑者も刑務官から励まされると、さらに反省する姿勢を強めます。反省しているから、当然のことながら、受刑生活も「まじめ」です。しかしいくら刑務所内での評価が高くなっても、社会に戻ってから問題が起きるのです。このように考えると、自分の内面をみつめず、被害者の心情だけを考えて、「深い反省」をしたり「強い自責の念」を持ったりすることは、場合によっては、犯罪を起こす危険因子にもなると言えます。

受刑者が更生できない五つの理由

「ここへ来て周りのチョーエキを見てどう思った？」

折った紙エプロンを札を数えるように持ち、桐生は五〇枚ずつに分け始めた。

「楽してますよね、ここでも外でも。なんだかコツコツ働くのがバカらしく思えます」

「怠け者で意志薄弱。金がほしいとなればすぐに犯罪だ。動物以下の観念で生きているんだ。人として生まれて獣として死んでいくのさ。反省ひとつないから、自分がなにをやっているかもわからない。懸命に生きることを知らずに生を終えるんだ。哀れだろ」

「ずっとそのまま生きていくんでしょうか？」

「気付かなけりゃそうさ。やがて年老いて獄死か野垂れ死に。自分を律する訓練をしていないから気付いた時にはなにもできないんだ」


この会話は、美達大和が書いた小説『塀の中の運動会』（バジリコ　2012年）に記されています（157頁）。殺人事件を起こして仮釈放を放棄した無期懲役受刑者の桐生亜希良《あきら》（50歳）と、覚醒剤の使用でLB指標の刑務所に収容された主人公の光岡省吾（36歳）との間で交わされた会話です。桐生は明らかに美達自身を表しています。

チョーエキとは受刑者のことです。桐生、すなわち美達からみたチョーエキの姿が、光岡との会話で記されています。会話から、桐生が反省しない受刑者のことをひどく軽蔑していることが伝わってきます。本のなかで桐生は、反省しない受刑者のなかにあって、一人反省し続ける「孤高の人」のようなイメージで描かれています。その姿は、実際に刑務所のなかで美達が追求する理想像なのでしょう。美達のことは次章で述べることにして、桐生が語っている受刑者の姿をどう考えればいいでしょうか。

桐生、すなわち美達の目に映る受刑者の姿はけっして的外れではありません。反省しない受刑者は「動物以下の観念で生きて」「獣として死んでいく」ことになるのです。しかし、これでは被害者遺族はたまらない気持ちになるでしょう。また、受刑者にとっても悲惨なことと言わざるを得ません。こうした状況は改善しないといけません。

受刑者が反省していない理由を、これまでに述べたことから以下の五つにまとめます。

①　受刑者が本音を語る機会がない。本音を話せる人もいない。その結果、内面をみつめることがない。

②　単調な刑務作業を繰り返すだけの毎日になっている（罰だけでは、反省も更生もできない）。

③　「反省すること」が当たり前になることで、逆に受刑者は反省できなくなっている。

④　受刑生活の目標が「まじめに務めて仮釈放を得ること」となっている。

⑤ 自責の念を持って一人で深く反省している。

①は何度も繰り返し述べてきました。ただし、本音を語ったからと言って、それをきっかけにして、すべての受刑者が反省するとはかぎりません。しかし本音を語らなければ何も始まらないことだけは強調しておきます。そして、本音を言うことによって、心から反省する受刑者が増えることも付け加えておきます。

②ですが、単調な刑務作業を長年繰り返していると、人は次第に「人間らしさ」を失い、「機械」のようになります。美達の言葉を借りれば、「動物以下」となります。しかし、受刑者は、犯罪を起こしたわけですから、罰として刑務作業をしなければなりません。私は何も「刑務作業をしなくていい」と言っているわけではありません。しかし罰はあくまでも社会的制裁であって、更生を援助するものではないことは指摘しておきます。罰を与えるだけだと、人は悪くなるだけなのです。

このことは、私たちにも当てはまります。罰を与えられたら、「罰を受けないためにどうすればいいのか」を考えることになります。それは反省でも更生でもありません。罰が長ければ長いほど、そして重ければ重いほど、それだけ人は悪くなるのです。

そう考えると、裁判官が「刑務所でしっかり更生しなさい」という言葉は、刑務所の実態を知らないことを自ら明かしているようなものです。残念ながら、今の刑務所は、受刑者が更生することよりも、彼らが規律違反などを起こさず、無事に刑期を終えることを最優先させています。

③ですが、受刑者に「これまで、刑務所でどのような教育を受けてきましたか」と質問すると、彼らは「反省させる教育」を受けていたと答えるでしょう。「反省させる教育」を受けた受刑者の正直な感想（本音）は、「暗い気持ちになる」「気分が落ち込む」といったものです。「反省させる教育」を受けるときの受刑者の本音は「また、被害者の気持ちを考えろ……か」となるのです。この方法を続けるかぎり、大半の受刑者の意識は変わりません。皮肉なことに、日常的に反省することが当たり前になってしまうと、ますます反省することが表面的・形式的なものになってしまうのです。

そして④は、刑務官も受刑者も気づいていない「盲点」です。「まじめに務めていること」は必要ではありますが、それだけをやっていると「失うもの」があるのです。その最大のものは「自主性」です。受刑者は刑務官に言われた通りの作業をするので、自分から何かをしようとか工夫しようとかする意欲はなくなります。これでは社会に戻っても、人とつながることはできません。

最後の⑤ですが、先に指摘した通り、自責の念を持って深く反省すると、自分自身の内面の問題を考えなくなります。「ただただ自分が悪かった」と繰り返すのです。反省の「落とし穴」と言ってもいいかもしれません。

一人では内面の問題と向き合うことはできません。しかし自責の念を持って深く反省する人は、他者の力を借りようとしません。そうして一人で反省していると、無意識のうちに一番大切なプロセスを避けて通ることになります。これでは真の反省に至りません。このことは、「反省」のあり方を考えるうえで極めて重要なことなので、無期懲役受刑者である美達大和を事例として、次章で検討します。

第2章　「反省している受刑者」美達大和は更生できない

美達大和とは何者か

二件の殺人事件を起こして無期懲役受刑者となり、現在もＬＢ指標の刑務所に収容されている美達大和とはどういう犯罪者なのか。彼の最初の著書である『人を殺すとはどういうことか　長期ＬＢ級刑務所・殺人犯の告白』（新潮社　２００９年）を参考に簡単に説明します。なお、美達大和は本名ではなく、ペンネームです。

美達は、金融業を営んでいた韓国人の在日一世の父親と日本人の母親との間に昭和34年に生まれました。一人っ子です。韓国の貧しい農家に生まれた父親は、日本に来て、自分の力（とくに暴力）一つで見事にジャパニーズドリームを実現しました。いわゆる「成金」です。彼の自伝的小説のタイトルである『夢の国』（朝日新聞出版　２０１１年）とは日本を表します。この小説では父親の暴力がすさまじい迫力で記されています。

注目すべきは、父親の美達に対する厳格な「教育」です。美達は父親によく言われたこととして、『人を殺すとはどういうことか』（以下、引用は頁数を記します）のなかで以下を挙げています。

・一番以外は二番も一〇〇番もくずだ
・白黒をはっきり
・文句があったら言え
・嘘をつくな
・喧嘩に負けたら勝つまで諦めるな
・約束は守れ
・言ったらやれ、やれないなら言うな（19頁）

美達は父親の厳格な「教育」を忠実に守りました。幼い頃から運動も学業成績も断トツのトップで、小学生の頃は天才児とか神童などと言われています。自分のことを「本の虫」と言うくらいで、年間千冊を超える本を読んでいます。『夢の国』では、高校生のときにカントの哲学書を読んでいるくだりがあり、相当な知的レベルであったことがうかがわれます。中学では生徒会長を務め、受験勉強をすることもなく高校は進学校に進みます。父親と同様、美達は何度も喧嘩をします（父親と同様、相手の方が圧倒的多数にもかかわらず、ほとんど美達が勝利します）。卒業間際には新聞に載るほどの大喧嘩をして高校を中退し、自分の能力がフルに発揮できる会社に就職します。寝る間も惜しんで働くとともに仕事に役立つための勉強（主に読書）も欠かさず、営業成績をみるみる伸ばし、実に億単位の年収を稼ぐようになっていきます。やがて会社を辞めて独立した美達は、21歳にして父親と同じ金融業を始めます。父親と同様、美達も自分の能力だけで成り上がっていったのです。

最初の事件は、働きながら一時期ヤクザの世界に身を置いていたときに起こしました。美達が惚れ込んでいた兄貴分が、覚醒剤に手を染め始めたことをきっかけに荒れた生活になり、美達に金の無心をするようになります。そのとき兄貴分が連れてきた人物が被害者となります。この事件に関する詳細な記載はありませんが、「組、兄貴分の秘密を守るという目的と、私や私の下の者達の怒りの結果」（27頁）が殺害に至った動機と記されています。

二つ目の事件の動機は、「互いの関係について取り決めたことや同意事項についての不履行、私から見て誠実と感じられなかった被害者の言動などが主因」（30頁）とあります。美達は被害者となる者と三回話し合い、「次は無い」という警告をしたにもかかわらず、相手が改善しなかったため、殺害を計画することにしたというのです。

二つの殺人事件に共通していることがあります。両事件とも、美達が「計画的に」犯行を起こしていることです。そして、見逃してはならないことは、二つの事件の動機の背景には「父親から叩き込まれた価値観」が関係していることです。つまり「約束は守れ」という父親の教えです。ただし、ベクトルの方向は異なっています。一つ目の事件は、自分の「上司」の「秘密を守る」ため（言い換えれば、上司との「約束を守る」ため）であり、二つ目の事件は被害者が不誠実な態度を取ったこと、つまり被害者が「約束を守らなかったこと」です。美達は、父親の「教育」に忠実に従った結果、殺人を実行しているのです。

殺害時は「信念を失ったら終わり」「私が絶対正しいと盲信していた」（32頁）から、「義務として行なった感」（33頁）があると、『人を殺すとはどういうことか』に記されています。しかし、裁判のとき被害者の母親の「死刑にして欲しいですけど、もし死刑が駄目なら一生刑務所に入れてほしいです」（58頁）という証言を聞いて、美達は遺族のことを考えようとしなかったことを悔やみ、検察の論告では大きな衝撃を受けます。

以下は、検察官が殺害時の状況を説明するくだりです。

「大量の血を噴き出し倒れながら、助けてと何度も哀願する被害者に対し被告人は、冷酷にも……」

私の中で何かが起こり、その瞬間、全く考えもしなかった鳥肌が立ったのです。

「助けてと次第に弱々しくなる声が聞こえなくなり、被害者は恐怖の中でたった一人……」

その時私は雷に打たれたような衝撃を感じました。

あんな経験は後にも先にもありません。

私は、裁判途中より自分の過ちに気付き、行為を悔いて反省してきたと考えていましたが、この日にそれがまだまだ表層的だったことに気付かされました。（60頁）

裁判での検察官の言葉を聞いて、初めて罪の意識を感じた美達は、父親の死をきっかけに、裁判で被害者の母親が証言したように、仮釈放を放棄し、生涯刑務所で務める決意をします。

父親の厳格な「教育」に従うことができた理由

美達の父親の厳格な「教育」が、美達自身にどのような影響を与えたのかについて考えてみます（教育という言葉は適切な表現とは思えないので、「教育」とカッコ書きで記します）。父親の「教育」を「厳格」と記しましたが、これ以上の表現が思い浮かばなかったので、仕方なく「厳格」という言葉を使いました。美達の父親の「教育」は「厳格」という言葉の意味をはるかに超えています。この「教育」に従うことができる人は世の中にはいません。ただ一人、美達大和を除いては。そして、この「教育」に従ったことが、最終的には最悪の結果を招くことになるのです。

まず基本的なことから述べましょう。普通、子どもが最も恐れることは、親から愛されないことです。親から見捨てられることは子どもにとって恐怖となります。虐待を受けた子どもが、自分が親から虐待を受けている事実を誰にも言わない理由はここにあります。子どもは親の愛情を失わないために、親の言うことに従って生きることになります。子どもは誰もが、親からの愛を得たいがために、親の教育に従おうとするのです。

しかし、美達の父親の「教育」はあまりにも厳格です。普通の子どもであったら、まずは必死になって親の教育に従う努力をしますが、いずれ限界が来て、ギブアップすることになります。ギブアップする形はさまざまです。親に反抗して非行に走ったり、無気力になってひきこもってしまったりするなど、さまざまな問題行動として表れます。うつ病といった体調不良という形で身体症状に出る場合もあるでしょう。それほどに、美達の父親の「教育」は普通の子どもが従うことができる範疇を超えていました。

たとえば、「嘘をつくな」という「教育」について考えてみましょう。質問紙を用いた心理テストのなかには「虚偽尺度」というものがあります。いろいろな質問のなかに「私は嘘をついたことがありません」という項目を入れておくのです。この質問に「嘘をついたことがありません」と答えた被験者の回答は、「正直に回答していない」とみなされて除外されます。理由は、「人間は誰もが必ず嘘をつく」という大前提があるからです。したがって、「嘘をついたことがありません」と回答したこと自体が、「嘘をついている」となるわけです。人間は嘘をつく動物なのです。

私は、幼少期に親から「嘘をついてはいけない」と言われて育った子どもが、思春期になって問題行動を起こす例を数多く見ています。「嘘をついてはいけない」と言われて育った子どもは、裏表のある人間になります。親の前ではまじめを装って、裏で悪さをするのです。嘘をつけない生き方はその人から「逃げ道」を奪うことになります。逃げ道を奪われると、我慢して自分の感情を抑圧することにつながります。その抑圧された感情のはけ口が、親の見えないところでの悪さにつながるのです。具体的には、いじめや非行、そして犯罪といった形で表面化します。逆に、表面化しない場合があります。その方がもっと怖いのです。表面化しないということは、ずっと抑圧し続けることになるので、大きな怒りを「貯金」していることになります。それが何かのきっかけで爆発したとき、とんでもないことが起きるのです。爆発の矛先は自分自身に向かい、最悪のケースは自ら命を落とすことになります。

しかし、美達は父親の厳格な「教育」に従うことができたのです。それを可能にした理由は二つあります。一つは、生まれながらにして美達自身が飛びぬけて高い能力を持っていたことです。「一番以外は二番も一〇〇番もくずだ」という「教育」に対して、結果として美達は常に一番をキープできる卓越した知的能力を持っていました。「一番でなければならない」という考え方は、本来ならばものすごいストレスを子どもに与えることになります。しかし美達はこの父親の要求に、楽々と「結果」を出していたのです。ここに美達の凄さがあります。同時に、問題もあります。一番になることに対して、父親が金で報酬を与えていたことです。100点を取れば1000円、95点ならば500円というように、結果に対して金が対価となっていたのです。

父親は、普通の子どもではとうてい達成できない「教育」を美達にしましたが、結果に対して、「よく頑張ったなあ」と言葉だけで認めていれば、おそらく今の美達大和という存在はなかったでしょう。美達が出した結果に対する父親の対応は、異常とも言える褒め言葉と同時に「金という形の報酬」でした。この父親の対応によって、美達が「金で自分の能力のカタチを示す」という価値観を持ったことは容易に理解できます。

美達が父親の「教育」に従うことができた、もう一つの理由を述べます。父親の恐るべき暴力です。たとえば、父親の「教育」の一つに「喧嘩に負けたら勝つまで諦めるな」があります。学業だけでなく喧嘩にも自信があった美達でしたが、必ずしも全勝したわけではありません。喧嘩に負けたときの父親の怒りはすさまじいものがありました。それだけに、圧倒的多数の喧嘩相手に勝利したときの父親の喜び様は異常なほどです。父親の喜ぶ姿を見て、美達もうれしくないはずがありません。彼は父親に喜んでもらうためにも自分の腕力にさらに磨きをかけるとともに、「男は勝たなければならない」という価値観を根深く心に植え付けることになります。この価値観は「弱音を吐いてはいけない」「人に頼らず一人で頑張る」といった価値観に通じます。

美達は、父親の「教育」に従えないと、どれほどの暴力が父親から返ってくるか分かっていたので、結果的に父親の言うことに従うことになります。美達の際立った能力の高さと、父親の過激すぎる暴力の二つがあって、父親の「教育」は美達の心に根深く刷り込まれていったのです。

「お金が第一」となる価値観

美達が父親の「教育」に応えた結果が「金」であったことを考えましょう。これを書きながら思い出すケースがあります。覚醒剤の売人です。私はさまざまな受刑者に授業をしてきましたが、経験上最も難しく感じている受刑者は覚醒剤の使用者です。彼らの多くは、自分が加害者であると同時に被害者でもあるので、「誰にも迷惑をかけてはいない。自分の快感のために薬を使って何が悪い（実際には周囲の人間に迷惑をかけているのですが）」と思っています。なかでも覚醒剤の売人は「手強い相手」です。覚醒剤の売人が持っている考え方は、「相手が欲しいものを売っているだけで、悪いことをしているつもりはない」というものです。私は偏った考え方をする人には必ずその人なりの理由があると考えるので、売人についても「悪いモノを売るようになるには、彼なりの理由がある」として、あるとき30代の若い売人の受刑者（名前を安藤とします）と以下のような会話をしました（私の言葉は〈〉で、安藤の言葉は「」で表記します）。

〈安藤さんは『覚醒剤を使うことは体に悪い』ということを理解していると考えていいですか〉

「はい」

〈そうすると、体に悪い薬を売ることは、他者の体が悪くなることを分かっている、すなわち安藤さんは『他者が傷ついてもかまわないと思っている』と考えていいですか〉

「はい」

〈そうすると、他者が傷ついてもかまわないということは、他者が傷つくことに安藤さんは鈍感になっていると考えていいですか〉

「……はい、言われてみれば、そうですね」

〈そうすると、どうして他者が傷つくことに安藤さんは鈍感になっているのかを考える必要があるかもしれませんね〉

「……（考え込んでいる）」

〈他者が傷つくことに鈍感になっているということは、自分が傷ついていることに鈍感になっているということなんです。自分を大切に思えなかったら、他者も大切にできないでしょう。そうすると、どうして安藤さんが自分を大切に思えなくなったのかを考える必要があるかもしれません〉

（ここから、次第に幼少期の親子関係の話になっていきます）

〈幼いとき、親は安藤さんにどのように接していましたか〉

「実は、私は親に褒められたことがないんです。試験で良い点を取ると、親は金をくれました」

〈そうだったのですか。それでは悪い点数を取ったときはどうしていましたか〉

「（テストを）隠していました」

〈悪い点数を取ったとき、本当は親からどうしてほしかったですか〉

「（少し考えて）点数に関係なく、頑張ったことを褒めてほしかったですね」（と言った

瞬間に、ハッとした表情に変わる）

この短い会話のやり取りで、安藤は自分が本当に欲しかったものに気づいています。もちろんいつもこのようにうまく展開するわけではありませんが、ちょっと過去を振り返る質問をするだけでも受刑者に洞察をもたらすことがあるのです。彼が求めていたものは、モノ（金）ではなくて、親からの優しい言葉や態度だったのです。しかしモノでは心は絶対に満たされないので、「もっともっと（モノがほしい）」というパターンになっていきます。いつまでも本当に求めているものが得られないがために、その代わりとなるモノを追い求めることになります。これが依存症になるメカニズムです。

他者から「評価されること」に傷ついている受刑者はたくさんいます。受刑者はいっぱい叱られて（すなわち、他者から「悪い評価」をいっぱいもらって）生きてきています。したがって、「良い評価」、言い換えれば「褒められること」に飢えています。安藤の場合、「褒められること＝金をもらうこと」だったのです。しかし金は、しょせん「モノ」でしかありません。モノを与えられることで「自分は大切にされているという実感」を得ることはできません。「自分は大切にされているという実感」を得られないと、必然的に「他人を大切にする気持ち」は持てません。この受刑者のケースは一例にすぎませんが、「お金のためなら何でもする（人を傷つけてもかまわない）」という価値観になるには、それなりの（受刑者自身が傷ついてきた）過去があるのです。

美達のケースに戻しましょう。美達が父親の教えを守ることができた理由は、父親の想像を絶する暴力による「厳格さ」でした。もし父親に反抗の一つでもしようものなら、本当に殴り殺されていたかもしれません。「文句があったら言え」と言っても、言い訳一つしようものなら、すぐさま鉄拳が飛んできます。したがって、美達が生き延びるためには、父親の教えに従うしかなかったのです。それ以外の方法は、家出するしかなかったはずです。実際に一人目の母親は家出をしてしまいます。それをきっかけに荒れ始めた父親は、仕事をしなくなり、一気に貧困状態に陥ります。母親がいなくなり、父親が荒れる姿を目の当たりにしたとき、初めて美達は父親に憎しみを抱き、「いつか殺してやる」（53頁）とまで書いています。しかし、これは実行されることはありませんでした。美達は父親に対する「殺意」という憎しみの感情を心の奥底に閉じ込めることになります。

父親の教えはすさまじいものでしたが、ただし父親の厳格な教えに美達が従ったときの可愛がり方は半端なものではありませんでした。想像を絶する厳格さと同時に、想像を絶するほどの子どもに対する愛情の深さがあったのです。したがって、美達は父親の厳格な教えに従い、同時に深い愛情も手に入れていました。美達が「父親から愛されている実感」を持っていたことは疑いありません。しかし、ここにこそ、大きな「落とし穴」があることを指摘しないといけません。

「条件付きの愛」がもたらす子どもの心への影響

美達の父親の愛し方は「条件付きの愛」です。先ほどの例で挙げた覚醒剤の売人のケースと同様、100点を取ったときは「金」という形で愛され、成績が悪いときは鉄拳が飛んでくるのです。喧嘩に勝ったときは父親に大喜びされますが、負けたときは逆にボコボコにされます。「男らしくあらねばならない」「男は負けてはいけない（勝たなければいけない）」「弱音を吐いてはいけない」といった価値観は深く根付いていきます。美達の父親の愛し方は極端ですが、「条件付きの愛」は、普通の子どもにも当てはまることで、子どもに問題行動を生む素因をつくります。

本来、親の愛とは「無償の愛」であるべきです。子どもは、生きているだけで、親から「愛される存在」のはずです。しかし現実はそうではありません。美達ほどではなくても、良いことをしたときだけ褒め、悪いことをしたときには叱ったり罰を与えたりする親はたくさんいます。とくに、良い成績のときに金を与えることは、どこの家庭でも見受けられます。「金を与えることは良くない」と決めつけてはいけませんが、金を与えることを愛情の代わりにしてはいけません。

きょうだいがいる場合、どうしても親は比較してしまいます。良い学校に進学できる子どもは○で、あまり名の通っていない学校にしか行けなかった子どもには×を付けてしまうのです。きょうだいなのに性格がまったく違うことがよくあります。親は「お兄ちゃんのように頑張りなさい」とか「お姉ちゃんなんだから、しっかりしなさい」といった言葉をかけていないでしょうか。そうした言葉がけは子どもに「条件」を付けていることと同じです。「条件」を付けられた子どもは、親の条件が自分の行動の判断基準になります。親の期待に添うために常に親の顔色をうかがいます。あるいは、親の期待に応えられなくて反抗するか、あきらめて無気力になるかもしれません。いずれにしても、「条件付きの愛」は子どもに生き辛さを与える素因になり得るのです。

不登校になった子どもには、親の「条件付きの愛」に押しつぶされたケースが少なくありません。私は、長期間学校に行けない子どもは、親に対して「学校に行けない私でも、お父さん、お母さん、私を愛してくれますか」とメッセージを送っていると考えています。そんな子どもに対して親が「学校に行けなくてもかまわないよ」と言って、「ありのまま」を受け入れることができたとき、初めて子どもは元気を取り戻すのです。

美達は自身の際立った能力と父親の激しい気性の結果、「条件付きの愛」で大人になりました。人は、自分がされたことを、人にして返します。美達自身が成人になったとき、他者に対して、自分が父親から受けた教えを求めます。すなわち、「白黒をはっきり」「文句があったら言え」「嘘をつくな」「喧嘩に負けたら勝つまで諦めるな」「約束は守れ」「言ったらやれ、やれないなら言うな」です。父親の厳格な「教育」が美達の犯罪に影響していることが理解できます。

しかし問題の根はまだまだ深いのです。そして、その問題の根は、美達が書いた小説の『牢獄の超人』（中央公論新社　２０１２年）に明確に記されています。

『牢獄の超人』に垣間見える美達の差別意識

『牢獄の超人』（以下、引用は頁数を記します）のストーリーを簡単に説明します。

主人公である23歳の山川遼は、自身が所属する暴力団の幹部から「この辺で俠《おとこ》になってみるか」（6頁）と言われて、中国人マフィアの殺人を試みるも失敗し、たまたま現場にでくわした20歳の秋元達也を拳銃で射殺してしまいます。裁判中は口先だけの反省の弁を繰り返し必死に述べたり謝罪する迫真の演技をしたりするものの、裁判官だけでなく弁護士にもすべて見透かされます。結局遼は、殺人と殺人未遂の罪で20年の実刑判決を受け、ＬＢ指標の刑務所に収容されます。受刑生活が始まっても、狙撃に失敗したことで組を破門になったこともあって、殺害現場で流れ弾に当たって死亡した被害者の方が悪く、逆に自分の方こそ被害者であると考え、まったく反省することなく過ごします。

被害者の家族の苦しみだけでなく、自分の両親と姉がどんなに辛い思いをして過ごしているのかにもまったく思いが至らず、姉の真理子だけが刑務所に面会に出向きます。自分の両親や被害者家族が苦しんでいる姿を目の当たりにしている真理子は、一向に反省しない弟に対して、最後となる面会でも「バカアッ。おまえは本当に人でなしになったんだな。こんなのが弟なんて情けないよ。遼、ここで気付かないと、あんたの人生はずっと犯罪者のままだよ。必ず、同じ過ちを犯すんだよ」（２４７頁）と激しい口調で責め立てます。しかし弟を厳しく叱りつけながらも、真理子は毎回金を差し入れており、弟が罪を犯したことは自分にも責任があると内心では自分を責めています。なぜなら、真理子はかつて非行に走った経験があり、そのことが弟に悪影響を与えていると考えていたからです。

そんな真理子が突然白血病で亡くなったことを遼は知ります。姉の死をきっかけに、遼は大切な家族を失う悲しみと苦しみの大きさに初めて気づきます。真理子の最後の手紙には、弟に対して謝罪する思いや愛情のある言葉が込められています。


『遼。今頃、べそかいてるのかい。

あたしのせいであんたの人生をこんなにしてごめんよ。あんたがあたしの真似をするのを、無理だと知っていたのにやめさせなかったのが悪かったんだ。

あたしは家族の中で自分だけ浮くのがイヤだったんだね、きっと。本当にごめんよ。

だから、バチが当たったのかもね。

生きて帰りを待ちたかったけど、天国から見ているからね。（中略）

いつも、あたしがついているから、しっかりおやり。男なのよ、あんたは。歯を喰いしばってでも更生しなさい。
遼、出てきたら、ぶっ飛ばしてやろうと思ってたのが心残りね。
真面目に生きなさい。遼、さよなら。
また、いつか、どこかで弟になってね。
美しい姉より』（262-264頁）

真理子の手紙は、読む者の涙を誘います。美達が加害者の家族の感情をいろいろな視点から深くみつめていることが理解できます。「逃げねえよ、今度はもう逃げねえよ」（264頁）とつぶやいた遼は、この日を境に真理子が差し入れてくれた犯罪被害者や遺族について書かれた本を読み始め、反省する姿勢に変わります。「俺はなんてことをしたんだ。なんで気付かなかったんだよ」（267頁）と心のなかで叫ぶ遼の苦悩は、美達自身が裁判中に被害者遺族が語った言葉を聞いたときの思いと重なります。

このときから「牢獄の超人」である明道聖仁《みょうどうまさひと》が遼の反省の「指南役」となります。遼は明道に受刑者仲間とのトラブルで助けられたことがあり、「恩人」と思っています。そして、言うまでもなく、明道聖仁は美達自身です。明道は『塀の中の運動会』の桐生亜希良をパワーアップさせたような人物です。もちろん無期懲役受刑者で仮釈放を放棄しています。明道は「超人」とか「御大」と呼ばれていて、昼夜独居の生活をしていました。まさに、今の美達の受刑生活そのものです。以下は、その明道が、10年振りに「下りてくる（一般の受刑者と同じように工場で務めること）」場面です。

ガチャンと工場入口の鉄扉が開く音と同時に、一六〇あまりの目がいっせいに入口に向けられた。

若い職員に連行されて、あの明道が入ってきた。遼の視界の中に、懐かしい恩人の姿があった。威厳にあふれ、凛《りん》とした空気を纏っている。肩幅が広く、工場衣に包まれたぶ厚い胸の上で銀色に近い見事な白髪が輝いていた。肌は相変わらず浅黒い。

受刑者達の刺さるような視線を受けても悠然と歩いていた。まるで世界には己しか存在していないというように。明道の全身にはどこか深山幽谷《しんざんゆうこく》を彷彿させる玄妙《げんみょう》さが漂っていた。だが、その双眸は炯々《けいけい》と光り、遥かな一点を見つめているようだった。（219頁）

異様とも言える登場の仕方です。明道は、すべての受刑者だけでなく、刑務所の職員からも一目置かれる存在で、「特別扱い」されています。職員が受刑者である明道の荷物を運んだり敬語を使ったりしているのです。いくら小説とは言え、現実とはかけ離れた描写です。このような待遇を受けている受刑者は、全国の刑務所に存在しません。

美達が明道をどのような存在の人物にしているのかは明らかです。以下は、遼が明道に助けられて挨拶を交わす場面です。

「ありがとうございます。明道さんも稼業の方ですか。失礼ですが、どちらの暖簾でしょうか」

組織名を尋ねた遼に、何組でもない、〝ツァラトゥストラ〟とでも言っておくか、と明道は晴れやかな笑みを滲ませた。

ツァ、ツァラト……？　なんだ、そりゃ、どっかのマフィアか？

これが明道との初めての邂逅《かいこう》だった。（185-186頁）

ツァラトゥストラとは、ドイツの哲学者ニーチェ（1844－1900年）の後期の哲学的研究を「代弁する人物」であり、代表作である『ツァラトストラかく語りき』

（新潮文庫　１９５３年）には、19世紀末期におけるヨーロッパの没落を背景に、それまでは絶対的であったキリスト教的思想に代わる「超人」の思想が展開されています。『ツァラトストラかく語りき』は、山にこもっていたツァラトストラが「神が死んだこと」を知り、絶対者がいなくなったことで自らの思想を人々に説教するために10年振りに山を降りるところから始まります。まさに明道が単独室から工場に「下りて」きたときと同じ設定です。ニーチェの「超人」の思想と同様、明道も「神はいない」（２９４頁）と語っていることにも共通点はありますが、考えないといけないことは、美達が意図するところの「ツァラトストラ＝明道＝美達」の「立ち位置」です。

私は、美達が明道を「ツァラトストラ」と見立てたことに大きな問題を感じています。繰り返しますが、明道は美達自身です。なぜ美達は、ツァラトストラのように、自分自身を「超人」という存在に描いたのでしょうか。理由は、先に取り上げた『塀の中の運動会』の桐生と同様、まったく反省しない他の受刑者と自分自身との間に明白な線引きをしていることです。反省の深まったときの遼と明道との会話に、そのことが明確に記されています。

「チョーエキってのは、どうして自分のしていることがわからないんでしょうか」

最近の遼は同囚の生き方に以前には感じなかった疑問を懐くようになっていた。

「自分と向き合おうとしないからだ。自分に嘘を吐《つ》き通す人生と言えるだろう。ずっと塀の中とシャバを往復していれば、それが文化となる。塀の中にいることにも葛藤はなく、それが日常のことだと思っている」

「それでは一生、チョーエキですよね」

「遼。誰でもが自らの罪を反省できるわけではない。できる奴というのは限られているのだ」

明道の佇まいは静謐な世界へ誘《いざな》うようだった。

「限られているというのは、どういうことですか」

「人は誰でもが悔い改められると言うが、現実は違う。ＬＢまでなると、なにをどう説いても変わらない者がほとんどだ。凝り固まっているのだな。そして、そのまま野垂れ死にだ。そんな生き方が奴らには合っているのだ。他者に悪をなすというのは、己にも悪をなすことに気付かんのだな」

「明道さんが話をしたら変わるんじゃありませんか」

「それは変わりたいと思ってる奴だけだ。こればかりは内心から能動的に望まない限り、変わることはない。誰もが変わるという者達は人間世界に期待と救いを求めているが、以前にも話したように実態を知らぬ善とは時として悪でしかないのだ。決して誤謬から真理は生まれん」（２９１-２９２頁）

この会話のやり取りで明らかなように、美達は反省しようとしない受刑者を「変わらない者」と捉え、「悪」としています。そして、「変わりたいと思ってる奴」が「能動的に望まない限り」は「変わることはない」と思い込んでいます。そして変わりたいと思っている者との間に、一線を画しています。美達の心のなかに、明確な「差別意識」があることが読み取れます。

犯行に至った動機の一つとして「自分は人と違うという優越性の肥大化です」（『人を殺すとはどういうことか』32頁）と述べているように、幼いときから卓越した能力を発揮してきた美達は、今でも人を優劣で決め付ける意識から抜け出せていません。だからこそ、自分自身を「超人」という立場に据えているのです。「反省の道を究めようとしている自分」は「別格」であると優越心を持っていることがうかがえます。この「差別意識」という優越心に、父親から受けた厳格な「教育」、すなわち「嘘をつくな」「喧嘩に負けたら勝つまで諦めるな」「約束は守れ」という暴力を生み出す価値観がセットになって、美達は事件を起こしているのです。

再犯の可能性は高い

「まえがき」で、私は美達が再犯を起こす可能性があると書きました。その理由は、以下の明道の行動に端的に表れています。

刑務所のなかでも「いじめ」は存在していて、とくに強姦といった女性や幼児を襲った受刑者は「弱い者に犯罪を起こした者」と見られ、いじめのターゲットになります。他の受刑者からは蔑視され、刑務所のなかでは「弱い立場」になります。

以下は、三人の受刑者が、幼児を強姦して殺した受刑者をいじめる場面です。原島という受刑者です。遼も居合わせています。伊崎、牛木、大江という受刑者が、紙束を持ち上げようとした原島の腰を蹴とばしたため、紙束が散らばります。その場面に明道も遭遇し、原島をいじめた三人に冷静に注意をします。

「そこの三人。いっしょに拾いなさい」

地の底から昇ってきたような、低いがよく通る声だ。伊崎達三人が、えっ、という顔で互いに見合っている。拾う気がないかね、と明道に言われて伊崎が、行こうぜ、と歩き出そうとした。

「もう一度言うが、拾う気はないのかね」

穏やかな声だった。明道はゆっくりと三人の方に躰を正対させ、腕を組んだまま相手の心の奥まで見透すような視線を注いでいる。

牛木と大江がどうするんだ、という顔つきをして目で合図し合っていたが、伊崎は行くぞ、と出口へ歩き出した。

「これが最後だ。拾う気はないのか、私の言葉は通じないのかね、お若いの」

「さあねえ。拾う義理のないことはたしかだ」

伊崎は、ふてくされたような表情だ。

「そうか。義理はないか。それではその辺のクズと同じというわけかね」

明道の双眸に、それまで見たこともなかった、蒼々とした冷たい光が顕われた。それは、ぞくりとさせるような光だった。

クズゥ、そりゃ、言い過ぎだろうと踏み出した伊崎の躰が一瞬、宙に舞った後で床に倒された。

えっ、なんだよ、今の……見えなかったぞ。

遼が腹の中で小さな叫びを上げた時、明道は左膝で伊崎の胸を押さえ込んだ。それから作業帽を唖然としている口に突っ込み、なにも言わずに伊崎の左手の指を甲の側に折り曲げた。

パキッ、パキッ、と乾いた音が二度続き、それに合わせてくぐもった呻き声が上がった。伊崎の小指と薬指があらぬ方向に曲がっている。明道は表情を変えずに大江と牛木の方に目を向けたが、二人は金縛りにでもあったかのように突っ立っている。

永田と原島も目を大きく見開いたまま、視線は明道に釘付けになっていた。

「拾うか、小僧。そこの二人もだ」

そう言いながら明道の手が伊崎の中指にかかると、呻き声が一段と大きくなった。

それを見ていた大江と牛木は慌てて拾い出した。

この人は人間が違う、化け物だ。遼の全身に戦慄が走る。（231-233頁）

明道は言葉で三回、伊崎たちに注意をしています。しかし、注意に応じないと分かったとき、明道は暴力という手段に訴えています。これこそ、まさに美達が二件目の犯行に及んだときの再現です。美達は二件目の事件の動機について、次のように書いています。

二回目の事件は、互いの関係について取り決めたことや同意事項についての不履行、私から見て誠実と感じられなかった被害者の言動などが主因になりました。

先方からの提案により、私は互いの同意事項を履行し、相手の母親の生活も支援していたのですが、一方的な見解により条件の変更がなされました。それに対して真摯な謝罪の意思が見られなかったことにより、私自身の持つ契約や約束の観念に反するものとして、相手に是正を求めました。

それで謝罪があれば、私としても異なる対応をしたのでしょうが、それが無かった為に看過することができなくなりました。

この時は、相手に三回話し、次は無いという警告をしていますので、相手の改善が感じられぬ態度により、殺すことを検討し始めました。（『人を殺すとはどういうことか』

30-31頁)

殺人を起こしたときも三回、そしていじめの場面でも同じく三回、美達も明道も冷静に注意をしています。相手が不誠実な態度を示し、「これが最後だぞ」と言ったにもかかわらず態度を改めなかった相手に対して暴力を行使しているのです。小説だから関係ないだろうと思われるかもしれませんが、小説という架空の設定だからこそ本音が出やすくなります。美達は、明道という「登場人物」を通じて、自分自身の深層心理を表現しているのです。

また、暴力を振るう場面を、これほどリアルに、しかも美化した描写をしていることに違和感を覚えないではいられません。弱い立場にある者をいじめたわけですから、伊崎たちに非があるのは間違いありません。しかし暴力は、たとえ相手が不誠実な態度を取ったからと言って、手段として容認されることではありません。注意に従わない相手に対して、最終的に明道は「力で対抗した」ことに変わりないのです。「変わらない者」を「悪」と決めつけ、その相手に対して、冷静に力で対抗している明道(=美達)の振る舞いをみると、私は美達が社会に戻れば再犯する可能性があると言わざるを得ません。

美達は「私は自分の優位な立場をいいことに、相手に高圧的に出るという行為を軽蔑しています」（『私はなぜ刑務所を出ないのか』43頁）と述べています。美達は、高圧的な態度を取った相手を軽蔑し、今もって暴力を振るうことに何の疑問も抱いていないのです。

美達は自ら刑務所で人生を終えると言っていますが、仮に美達が仮釈放を許可されて、社会に戻ったらどうなるでしょうか。美達ほどの「卓越した能力」と「人並みはずれた努力」があれば、元犯罪者というハンディを克服し、再び社会で成功するかもしれません。しかし社会には、「高圧的に出るという行為」をする者は数かぎりなく存在します。そうした相手に対して、美達が絶対に「力に訴える手段」を使わないとは断言できません。その可能性があるかぎり、無期懲役である以上、本人の意思にかかわらず、社会に復帰させられません。要するに、美達は反省しようと努めていますが、自分の心の奥底に根付いている根本的な価値観は変わっていないのです。では、なぜ根本的な価値観が変わっていないのかと言うと、美達が「本当に向き合わないといけないこと」に向き合っていないからです。

美達が向き合うべきこと

父親は美達に対して「暴力の教育」もしています。このことは、自伝的小説『夢の国』（以下、引用は頁数を記します）に明瞭に記されています。以下は、父親である菊山が、妻の律子の目の前で、まだ幼い息子の翔太に、喧嘩の仕方を教える場面です。もちろん翔太は、美達自身です。


骨と肉がぶつかる音が響いている。

翔太の頬が赤くなり目に涙が滲んでいた。

菊山は薄笑いを浮かべて翔太を見ている。

互いに相手の頭を抱えてぶつけ合っているのだ。

「何だ、翔太。もう泣きが入ったのかあ。父さんの息子か、お前は。弱いのか？」

翔太は目を潤ませながら、きっと吊り上げ、唇を突き出し真っ赤な顔で菊山の頭に自分の頭をぶつけだす。

「お父さん、やめて下さい。あんなに痛がってるじゃありませんか。翔太も参ったって言いなさい」

見かねて律子が助け舟を出そうとするが、うるさいっと菊山は一言のもとにはねつけた。

いつものことだが、律子は深い溜息をつく。

「さあ翔太。どうなんだ？　お前は父さんの息子なのかな、それともリンゴ箱に入れられて橋の下に捨てられた子なのかな？　父さんの息子なら強いはずだべえ」

挑発しながら菊山は翔太の頭を両手で持ち、頭突きをくり返す。

翔太の目から涙が一筋こぼれた。

「何だ、泣いてんのか、この弱虫」

「泣いてない。弱虫でないっ」

菊山を怒りに満ちた目で睨みつけ、翔太は頭をぶつけていた。

菊山は、そうかと唇を緩ませる。

やっと終わった時、翔太の額は赤く腫れ上がり瘤になっていた。

菊山は誰かが翔太に傷をつけたならば、どんなに些細な傷でも狂ったように怒りだすが、自分が傷つけるのは平気だった。（中略）

「ママ、僕、大丈夫。可哀想でない」

翔太は憎悪と怒りを込めた目を向け、菊山の節くれだった傷だらけの拳を殴りつける。
その小さな拳は真っ赤になっていた。
翔太にとって石を殴っているようだった。
殴る度にその震動で涙がぽとり、ぽとりと絨毯の上に染みを広げる。
翔太の目が一発ごとに憎しみと怒りの光を増していた。
「よおし、じゃあ次は父さんだ」
翔太が大きく息を吸った。
翔太にとって最も痛い時間がやってきた。
菊山の半分にも満たない拳を握り、翔太は差し出した。
菊山は唇に笑みを張りつけ、その拳に自分の石の拳を打ちつける。
痛そうに唇を歪ませる翔太を見て菊山は笑っていた。
肉と骨が叫びをあげ、翔太も胸の奥で叫んでいる。
「父さんの息子なら強いんだ。わかるべ」
子供が相手だが、菊山は次第に力を加え翔太を試すような目で見ている。
翔太にとって菊山の気分次第で一時間以上も続くこの時間は逃げ出したくなる時でも

7月新刊　4点刊行!

余計な一言

齋藤　孝

610577-7■

なぜあの人にムカつくのか? 「だって」「でも」の連発、「行けたら行く」という曖昧な返事、下手な毒舌、バカ丁寧な敬語の乱用……職場、家庭、人間関係に潜む、28の「地雷」を徹底解剖。

知の訓練 日本にとって政治とは何か

原　武史

610578-4◆

〝知〟を鍛えれば、日本の根源がはっきりと見えてくる――。天皇、都市、宗教、性など、日常に隠れた「政治」の重要性を説き明かす。第一級の政治学者による、白熱の集中講義!

凶悪犯罪者こそ更生します

岡本茂樹

610579-1■

誰もが「更生不可能」と判断する極悪人だからこそ、新たな気づきを得た時には、更生への意志が圧倒的に深くなる。受刑者教育に革命を起こした驚きの授業を初公開。

領土喪失の悪夢

ISBNの出版社コードは978-4-10です。

あり、菊山が憎くて憎くてたまらない時だった。（206-210頁）

　幼い翔太（美達）が、父親に対して強い憎悪を抱いているのが分かります。しかしこの後、翔太が父親に対する怒りや憎しみを誰かに訴える場面は記されていません。翔太は心の奥底に父親に対する否定的感情を抱え込むのです。

　そして、翔太が父親に対して、もう一度大きな憎しみを抱く場面があります。今度は、憎しみというよりも「殺意」とまで記されています。外に女性をつくり勝手気ままに生きてきた菊山に愛想をつかした妻の律子が突然家出をします。それをきっかけに菊山は仕事もせず、酒におぼれる毎日になり、あろうことか、家出をした妻に悪態をつくのです。まだ翔太が小学校の高学年のときです。

「あのバカ女。お前に米の炊き方、味噌汁の作り方、ぜーんぶ家のことを教えてくれたんだべや」

「うん」

「計画的か。お前も天才児だの、神童だの呼ばれてんなら気付かなかったのか、この野郎っ」

翔太はかーっとして菊山を睨みつけた。

「ちくしょうめっ。いいか、父さんは探し出してあの女をぶっ殺してやるからな。赦さん」

菊山の目がその時だけ爛々と光った。正常な目ではなかった。

さんざん悪態をつき女の家に行く菊山の後ろ姿を見て、翔太の中に黒々とした憎しみが渦巻いた。

優しかった律子が家出するようになるまで勝手放題をして、今度は自分にまで当たり散らす菊山に対して激しい憎悪が湧いてくる。殺意すら覚えるほどだ。

翔太は早く大人になって律子の代わりに、仕返しがしたいと真剣に考えるようになった。（中略）

「何だ、その目は。お前は俺に向かってそんな目をするのかあ、この野郎。やめろお、そんな目で見るなっ」

菊山の鉄拳が翔太の肉の削《そ》げた頬を打ち、翔太は壁に吹っ飛んだ。

それでも翔太の目付きは変わるどころか、憎悪に燃えて光っている。

「この野郎、やめろと言ってるんだっ」

菊山の握った拳が翔太に降り注ぐ。

顔を腫らし血を噴いた翔太が目に涙を滲ませ、悔しそうに菊山を見上げていた。

「くそ、母親も母親なら子も子だ。おまえは本当に父さんの子なのかっ」

血走った目をして吐き捨てると、菊山は姿を消した。

翔太は血を流している顔を鏡に映し菊山を思い、射殺《いころ》すほどの激しい怒りと憎しみの光を目に宿らせ、いつの日か律子と自分のために菊山を殺すことを決意した。（２４３-２４５頁）

父親の荒れた生活は続き、日々の生活が困窮する状態になります。そのとき翔太を養子にする話が持ち上がります。翔太はやっとまともな生活ができると思っていたところ、翔太を手放したくなかった菊山は土壇場で白紙に戻します。翔太は絶望感を抱き、大量の睡眠薬を服薬して自殺を図ります。

その日、菊山が夜中に帰ってみると翔太はいくら声を掛けても起きてこなかった。

ベッドの中で虫の息になっている。

脇の机に紙きれが置かれていた。

『疲れました。さようなら』

たったそれだけだった。

翔太が自殺を図ったのだ。

目前の希望が消えたことに加え自分を手放したくない菊山への最大の仕返しのための自殺だった。

自分に力さえあったならば、すぐにでも殺してやりたいくらいに憎い菊山に対する翔太の報復が自分を殺すことだったのだ。（252頁）

幸い、翔太は一命を取り留めます。これを機に気持ちを改めた菊山は、仕事に励み、翔太が中学校に進んだとき、カタギの栄子という女性と再婚します。

ところで、翔太が自殺を図ったことをどう考えればいいでしょうか。父親に対して殺意があるほどの否定的感情を翔太は抱いています。父親に対して強い怒りと憎しみという攻撃的感情があるのです。しかし、結果的にその感情を外に出すことはありませんでした。なぜなら、父親に暴力で反抗しても勝てないことが分かっていたからです。そうすると、攻撃性は内に向かいます。翔太の自殺未遂は、父親に対する攻撃的感情が自分自身の内面に向かった問題行動なのです。

結局、翔太は父親に対する強い否定的感情を「言葉」で表現することはありませんでした。傷ついた心は、言葉で表現され、それを受け止めてもらって初めて回復するのです。しかし翔太は「父親なんか大嫌いだ！」「殺してやりたいくらい憎い！」といった父親を否定する言葉を言えなかったのです。なぜなら、そのとき受け止めてくれる人がいなかったからです。翔太の心は深く傷つき、否定的感情が心の奥底に抑圧されたまま残ることになります。

「父親を殺す」必要性

私は美達のような知的能力の高い受刑者に出会ったことはありませんが、美達と同じような経験をしている受刑者とはたくさん面接しました。すなわち、幼少期に父親からの言動でひどく傷付いている受刑者です。たとえば、「まえがき」で紹介した後藤という受刑者を思い出してください。幼少期に父親のＤＶに苦しんだ受刑者です。彼は司法関係者から、小さいときの不遇な環境は、時間が経ったのだから事件とは関係ないと言われています。再度述べますが、小さいときに負った「心の傷」は、時間が経てば消えてなくなるものではありません。むしろ、小さいときに受けた心の傷だからこそ、成人以降に重大な問題を起こすことになるのです。

心の問題は身体の問題と同じように考えると理解しやすいでしょう。身体の傷は早く治療すれば、回復は早くなります。心も同じです。幼い頃に受けた心の傷はそのときに誰かに受け止められて、治癒するのです。それがないと、心の傷はいつまでも心の奥底にとどまり続け、いつしか本人もその存在に気づかないほどに深刻なものになります。問題行動とは、本人が気づかなくなっている心の傷が原点となって起こるのです。

したがって、不幸にして幼少期に受けた心の傷が癒されないまま、心の奥底に否定的感情を封印し、最終的に事件を起こした者は、遅まきながら心の傷の治療をしないといけません。幼少期に親に傷つけられていたのなら、「オヤジなんか大嫌いだ！」「なんで俺に暴力を振るったんだ！　バカヤロー！」などと怒りの感情を伴って、そのときに言えなかった思いを「今、ここで」吐き出すのです。心の治療をしないで罰を与えることは、傷を深めるだけです。罰は犯罪のエネルギーを増幅させているにすぎません。

幼少期に親に対して否定的感情を持ったからと言って、大人になった今、「親を否定すること」に抵抗する人は少なくありません。受刑者の場合、「親からひどいことをされたけど、自分も悪いことをしたしなあ」「あんな親でも優しいところもあったし、面会にも来てくれたし」「親父も年を取ったしなあ」「死んでしまった親に対して、今さら……」などと考えて、自分の心の傷と向き合えないのです。彼らの気持ちは十分に理解できます。だからと言って、幼いときに心の奥底に抱え込んだ否定的感情が消えることはありません。受刑者にとって、本当に向き合わないといけない課題は、自分が受けた「被害者性」なのです。美達の場合、彼の心を支配している父親を「殺す」ことです。

そこで反論があるでしょう。美達は父親に過剰な愛を受けていたではないか、憎しみを上回るほどの愛情をもらっていたのだから、憎しみはなくなるのではないかと思われるでしょう。美達自身も父親から深い愛情を受けていた実感を持っています。しかしこの実感こそが否定的感情を吐き出すことへのさらなる抵抗を生むのです。殺意を生むほどの憎悪を持ったことと、父親から受けた深い愛情とは別なのです。憎悪は憎悪として、いつまでも心の奥底に残ります。愛情を受けたことで憎悪が相殺されて消えることはありません。

このことは私たちにも当てはまります。親から愛情を受けて育っていても、親から殴られた経験のある人は、殴られたときに抱いた憎しみを忘れません。幼いときに受けた心の傷が癒されていなければ、大人になってもそのときの憎しみが再燃します。そして、そのことが無意識のうちに人間関係におけるトラブルを引き起こすのです。

美達は、父親を否定しないかぎり、心の奥底にある父親に対する否定的感情の存在に気づきません。憎悪という感情に鈍感になっているとも言えます。愛情とは真逆の否定的感情の存在に気づかないかぎり、いつまでも父親の厳格な「教育」から解放されません。解放されないと、根本的な考え方や価値観も変わりません。「力に対して力で対抗する考え方」がなくならない理由はここにあるのです。

他者を傷つけることに徹底して鈍感

美達が父親の「教育」から解放されていないことは、『夢の国』を読めばよく分かります。

高校生になって問題行動を連発した翔太は、運転免許を取って車で通学して人を轢いてしまい、卒業まで四ヶ月を残して中退します。残念がる父親に対して、翔太は次のように言います。

「これからは働いて面倒かけた分を熨斗《のし》つけてドカンと恩返しするからな。楽しみに待っててくれよなあ、オヤジ」（３３３頁）

社会人になったときも、翔太は父親に「大丈夫だ、オヤジ。これからを見てくれって。あっと言わせてやるからな」（３４４頁）と言います。翔太の目標は、父親を喜ばせることに終始します。求人情報誌で実力主義の会社を探し、仕事を得た翔太は、営業成績をみるみる伸ばします。全国一の売り上げを記録し続け、六ヶ月目には支配人となり、給料は50万、60万と昇給していきます。翔太は中古のキャデラックを手始めに、次々と高級車を乗り換え、その都度父親に見せにきます。

「オヤジ、まだ一九だぞ、俺。社会へ出て一年半だ。どうだ」

鼻高々の翔太に菊山は鼻を鳴らした。

「ふん、大したことない。これを買うくらいはどうってことはないべや。これくらいで得意になってるのか、お前。小さい小さい。ガハハハハ」
「冗談じゃないって、オヤジ。たかがこれくらい単なる通過点よ。まだまだ。計画表より早いから先が楽しみだ」（354頁）

ここでも父親に認められたい思いが伝わってきます。翔太は20歳にして最年少の支社長として8000万円の年収を稼ぐようになります。その後、退職して独立し、父親と同じ金融業を営みます。そして、千鶴という女性と結婚した翔太は「菊山の命令通りに実家から車で五、六分以内の距離に」（364頁）120㎡ある新築マンションを購入します。やがて男の子が生まれ、聖大《まさき》と名付けます。

聖大が2歳になったころ、翔太は夜の女性と付き合うようになり、離婚することになります。翔太は「彼女のところに行く時もすべて正直に（妻に）言わないと気がすまない」（383頁）ないのです。なぜなら、翔太は父親の「教育」の一つである「嘘をつくな」を守るからです。しかしその教えを守ることで、他者、すなわち妻の千鶴がどれほど傷つくことになるのか感じられなくなっているのです。父親の「教育」を守ることを優先することによって、翔太は「他者が傷つくこと」に鈍感になっているのがよく分かるエピソードです。

翔太は怜子という女性と再婚し、ますます収入を上げていきます。何度も高級車を買い替え、時計やベルトなどの超高級な「光り物」を身に着けます。

その間、家出をしていた律子が突然現れます。不幸にして、律子はベーチェット病という失明する難病に罹っていましたが、父親との関係は修復されます。以下は、父親と三人で談笑する場面です。


「金はなあ。集まってくると勝手にしゃべり出すべや。もっと仲間を集めろってな。そうなったら人間が召し使いだべ。だから自分が使って少し残るくらいで十分だべや。父さんがくたばる時は残す気もないしな」

「残さなくていいよ、オヤジ。ただな、どこまでやれるかなって考えてるからやってるんだ」

「翔太はどこまでやれたらいいと考えてるのかしら？」

律子はテーブルの上のワイングラスにゆっくりと手を伸ばして指先で確かめた。

「どこまでってやっぱり一番だから日本一だな。まずは日本一稼ぐってとこだ。オヤジ、とにかく次を見てみろよ。まだこんなもんじゃない、俺は」
「ガハハハハ。夢は大きくだぞ、大きく」（389頁）
「次を見てみろよ」。これが翔太の口癖になります。父親に認められたいがために、常に背伸びをし続けるのです。

この後、翔太は殺人事件を起こすことになります。動機は本章の最初に述べた通りです。翔太は面会に来た父親に「人に平気で嘘をつき、それを言われても何一つ悪いと思わない人間を赦さないのはこれまでの俺のやり方だ。日頃から宣言してる以上、俺の人生がどうなろうとやらなきゃ嘘になる。俺はオヤジの息子だからな。損得じゃない、信念なんだ」（400-401頁）と言います。父親の「教育」である「嘘をつくな」を守ることが最優先なのです。被害者が不誠実な態度をとったことを理由に、被害者の命を奪っています。

翔太と父親の性格鑑定をした精神科医との会話です。

「お父さんにとっては力がすべてなんだ。善悪なんか関係ないんだね。そこから外れたら息子や孫でさえ関心の対象外なんだ。一番以外は二番も一〇〇番も同じ。シンプルな原理だね」

「何でも一番だったあなたはお父さんにとって分身なんだ。息子でもあり自身の姿でもある。それを裏切らずに応えてきたあなただからこそお父さんにとってはすべてと思えるんだね。あなたは世にも稀なお父さんに育てられ、その通りに成長してしまった」

翔太にとって一番でいることを強制されたという意識は微塵もない。

毎回毎回、よくやったと褒めまくる菊山の笑顔を見るのがうれしかっただけである。

世間に出てほかの人間を知る度に自分は変わった父親に育てられたのだと気が付いてきたが、それは翔太にとって一種の誇りでありで喜びでもあった。

あの父の息子である以上、負けられない、正直であらねば、という自侍でもあった。

（416頁）

翔太の本音が手にとるように分かります。翔太は自分の実力を試したいと言っていますが、その背景には「父親に認められたい」、すなわち「父親に愛されたい」という欲求があるのです。

父親に愛されたいのなら、素直に「愛してほしい」と表現すればいいのです。しかしそういう表現方法を翔太は知りません。幼少期から「金が報酬」となっていたことで、金で自分の力を示すことが父親からの愛情を獲得する方法となっています。自分の力を発揮することで精一杯背伸びをして、父親から「愛されたい」という思いを満たしているのです。父親の「教育」は絶対的なもので、父親の「教育」を守ったことで殺人という行動に至っています。翔太（美達）が父親から精神的に自立できず、心は幼いままであることが理解できます。

仮釈放の放棄は「父親へのカッコつけ」

やがて無期懲役の判決が下され、翔太はLB指標の刑務所に移されます。菊山は禁酒禁煙を誓い、１００歳まで生きて翔太が戻ってくるのを待つと言います。面会に来た菊山が、翔太の息子の聖大が学校の成績が一番でなかったために聖大への興味を失っている様子を見て、翔太は心のなかでこうつぶやきます。

自分が一番でなければこんなに可愛がられはしなかっただろう、と思い返した。

血……。ただの血ではないのか。

たしかに菊山の血が流れているが、菊山の考える血とは一番でなければならないのだ。強くなくてはこの目の前の男は己の血を引いたとは認めないのだ。（433頁）

翔太が持っている「一番でなければならない」「男は強くなければならない」という価値観は父親との関係のなかでつくられてきました。そして翔太はそれを実行してきました。しかし一方で、翔太の息子の聖大は一番にはなれませんでした。「強くなくては」と考える美達は、「ありのままの自分」では愛されなかったことを自己確認しています。翔太は息子の成績が一番でなかったことを受け入れていません。なぜなら、それを受け入れることは、翔太自身のそれまでの生き方を否定することになるからです。したがって、「男らしく生きること」が父親の愛情を得る方法であることをさらに強めることになります。父親の厳格な「教育」が犯罪を起こす危険因子であったにもかかわらず、むしろ父親の「教育」を自ら強化しています。

翔太、すなわち美達が父親の「教育」から解放されるためには、父親と向き合わないといけません。繰り返しますが、父親を否定するのです。「なぜ、俺は一番でなければ愛されなかったんだ！」「どうして強くなければいけないんだ！」「なぜ、ありのままの自分を愛してくれなかったんだ！」と否定的感情を吐き出さないかぎり、父親の囚われから解放される日は来ません。

やがて、１００歳まで生きると言っていた父親が、体調を崩します。74歳になった菊山は人工透析を受けるまで病状が悪化し、背中の痛みを訴えながらも翔太に面会に行きます。

「お前はまだ前途がいくらでもあるんだぞ。人間は力と根性さえあればいくつになってもやれるんだ。父さんの子だからな、父さんの血が流れてるんだぞ」

「わかってるって。オヤジ、見てろよ、次を見てくれ。俺はやるからな」（４４６頁）

刑務所に入っても、翔太の言葉は変わりません。そして、ついに菊山は肺ガンで亡くなります。菊山の再婚相手の栄子から、菊山の葬儀が終わって、翔太へ手紙が届きます。手紙を読み終えた翔太が、次のように心のなかでつぶやきながら、『夢の国』は幕を閉じます。

俺とオヤジは何があってもいっしょだ。

『あいつが何でもできるのも俺の血なんだ、俺の息子だからだ、と最後まで言ってました。

どうかそれを誇りにして下さい』

手紙を読み終えて窓の外に視線を向けた。

オヤジ。長い間、ありがとう。ゆっくり休んでくれよ。

オヤジ。見てろよ、次を見てくれ。まだこんなもんじゃないぞ。

獄窓の向こうに広がる初秋の無窮の空の上で太陽がほんの一瞬、光輝を放った。（450頁）

「オヤジ。見てろよ、次を見てくれ。まだこんなもんじゃないぞ」。この言葉が社会人になってから翔太の口から何度も発され、『夢の国』の最後もこの言葉で締めくくられます。父親が死んで、なお翔太は、父親に認められよう（愛されよう）としているのです。

美達は、父親の死が転機となり、仮釈放を放棄することを決意します。そのときの心情が『人を殺すとはどういうことか』に記されています。

父の死を経て、私自身、それまでの「社会に出ないかな、どうなるかな」という気持ちから「別に出なくてもいい」とはっきり思うようになりました。出ないと決めれば、それだけの理由がちゃんとあるし、我が心にも折り合いはつけられると、心が軽くなったのです。どうでもいいやという無責任なものではなく、自分が何物にも囚われることなく判断し行動できるという心境からでした。

また、以前よりもずっと父の言葉を行動するうえでの基準とするようになり、私の心の内では、父の存在が大きくなりました。（『人を殺すとはどういうことか』231頁）

「それだけの理由」とは、被害者遺族が「死刑が駄目なら一生刑務所に入れてほしい」と裁判で語ったことでしょう。美達は「自分が何物にも囚われることなく」と書いていますが、果たしてそうでしょうか。「父の存在が大きくなりました」と続けているように、父親の「教育」をしっかり守ることに徹する気持ちが固まっているのが分かります。

すなわち、刑務所を出ないことは、「男らしくあらねばならない」という価値観と関係があるのです。「男なら、自分がやったことにケジメを付けることが当たり前」であって、そのカタチは「刑務所を出ないこと」と美達は決めたのです。

このカタチは、言い方は悪いですが、父親に対して「カッコつけている」という見方ができます。もちろん被害者のことを思っている側面があることは否定しませんが、それは美達にとって表面的な理由にすぎず、無意識のうちに父親に認められる（愛される）行動を取っていることが本当の理由です。

したがって、美達が仮釈放を放棄して獄死を選ぶことを、更生と結び付けて考えてはいけません。美達が父親に対する否定的感情を吐き出し、自分自身の心の痛みに気づいたとき、初めて更生への道を歩き始めたと言えます。厳しい言い方になりますが、今はまだ、父親の「教育」に囚われた自分自身の生き方に「酔っている」だけです。

「超人」のままでは更生できない

美達が「孤独」について、どのように考えているかが分かる箇所があります。美達は、『塀の中の運動会』の桐生亜希良に次のように語らせています。

「そもそもチョーエキは孤独に弱過ぎる。虚勢は張るけどひとりになったら子供より始末が悪い」

反省する、自己を見つめるにはひとりになって考えることが必要であり、チョーエキの多くはそれを厭《いと》う。だからチョーエキに反省は難しい。孤独とは人の生きる基本であり、崇高《すうこう》な状態だ。孤独に耐えることができないかぎり、自分の人生の意味は考えられないだろうと、桐生は無表情に言った。（159頁）

確かに、桐生の言うように、受刑者は孤独に弱いです。なぜなら受刑者は、幼少の頃からずっと孤独を感じているからです。自分の気持ちを受け止めてくれる人がいなかったから、寂しさをずっと抱いて生きてきたのです。寂しさをずっと感じることが耐えられないから、彼らは幼少の頃から人と群れたがるのです。しかし彼らが群れる場は、安心して「ありのままの自分」を出せる「居場所」ではありません。強がったりカッコつけたりして、人が離れないようにしているのです。したがって、受刑者の心の奥底には、寂しさや悲しみ、辛さといった感情がいっぱい詰まっているのです。

もし美達が幼いときに抱いた父親に対する否定的感情を吐き出すことができたら、どうなるでしょうか。「ありのままの自分を愛してほしかった!」「自由気ままにして、家出をした母親に悪態をつくオヤジが憎かった!」と叫ぶことができたら、美達は根本から変わるでしょう。

まず自分自身も一人の傷ついた人間だったことに気づきます。そうすると、他の受刑者との距離が近くなります。反省していないように見える受刑者も、本音で話し合ってみると、皆それぞれ心に傷を持っていることが分かります。そのとき初めて美達の「差別意識」がなくなります。他の受刑者とつながる瞬間です。そして、他の受刑者とつながることは、「人とつながることの大切さ」に気づける瞬間でもあります。本当に更生するためには、人とつながることは欠かせないのです。

おそらく美達は明道のような気持ちで受刑生活を送っていることでしょう。職員に特別扱いされることはあり得ないとしても、刑務官からみたら、美達は被害者の心情を理解しようとしていることから、りっぱに更生しようとしている姿に映ります。しかし工場に「下りず」、他の受刑者とほとんど交わろうとせず、単独室で一人思索の毎日を送っていることは、いかがなものでしょうか。

『牢獄の超人』の明道聖仁はニーチェを体現したツァラトストラです。そして、ツァラトストラは「超人」です。美達は自分自身を超人と捉えています。ツァラトストラは、自分の思想を人々に伝えようとしますが、誰にも理解されず、再び山に帰っていきます。今の美達の姿は、誰にも理解されないで孤独を選ぶツァラトストラのそれと重なります。人とつながるという発想は美達にはありません。

美達の小説に出てくる桐生亜希良と明道聖仁は難解な語句を用いて、能動的に反省しようとする受刑者を「反省」へと導く「師」となっています。明道は「救いなどなく、苦悩と共に生きなくてはならないのが加害者の人生なのだ。忘れるな」（288頁）と山川遼に諭します。

こうした教えを乞うた受刑者は果たして更生できるでしょうか。『牢獄の超人』は、遼が「これからが勝負なんだ、俺は善く生きるぞ」（317頁）と心のなかでつぶやく場面で終わります。『夢の国』の翔太のつぶやきと重なります。被害者（遺族）は加害者を許すことはなく、「苦悩と共に生きる」ことは更生するためには必要です。

ただし、「苦悩と共に生きる」には条件があります。それは、自分の苦悩を受け止めてくれる「他者の存在」です。甘えたり弱音を吐いたりできる他者が存在することで、はじめて「苦悩と共に生きる」ことができるのです。しかし遼がそうした生き方ができるとは思えません。なぜなら、明道から人に頼ったり甘えたりする人間関係を学んでいないからです。明道自身も人に頼ったり甘えたりしていません。「孤独とは人の生きる基本」と考える美達の生き方で「苦悩と共に生きる」ことは、抑圧を募らせることになり、やがては爆発してしまいます。したがって、山川遼が更生できるかどうかと問われれば、私は難しいと答えざるを得ません。

存命中に自分の思想を理解してもらえなかったニーチェは、晩年に精神に異常をきたしています。１８８９年1月3日にトリノの広場で昏倒してから、１９００年8月25日に死ぬまで、病人としての日々を送っています。このままでは、美達も思考ばかりを募らせ、更生どころか、精神に異常をきたしてしまうような気がします。

本章では「美達大和」という一人の無期懲役受刑者の生き方や価値観について考えてきましたが、「まえがき」にも書いたように、私は美達をただ批判したいわけではありません。受刑者の更生を支援する立場の者として、美達に今一度「反省とは何か」「更生とはどうすることか」を考えてほしいのです。

被害者の心情を考えて一人で反省することだけでは、真の反省はもたらされません。

したがって、更生もできません。美達が「超人」であることを止めて（昼夜独居の生活を止めて）、下りてほしい（受刑者がいる工場に出てほしい）と願うばかりです。

第3章　受刑者も一人の対等な人間である

第３章　受刑者も一人の対等な人間である

個人面接を希望する受刑者はほとんどいない

刑務所ではあまり個人面接は行われていません。理由の一つは、受刑者が個人面接を受けられるという「制度」そのものを知らないことです。

今のところ、私がかかわっているＬＢ指標の刑務所では、個人の心理面接は篤志面接委員の私によるものしかありません。篤志面接委員が担当する内容が記された「紙」が刑務所内に貼られていますが、受刑者はあまり目を留めません。ちなみに、篤志面接委員が担当している内容は、囲碁や将棋といった趣味に関するものから、満足に学校に通っていない受刑者が多いので小学校で学ぶ国語や算数といった学習に関するものや、聖書や仏教を学ぶものなど多岐にわたります。そのなかの一つが、私が担当する個人面接です。

受刑者が個人面接を希望するためには、刑務所が用意した「願箋《がんせん》」という用紙があって、それに受刑者が面接を希望する旨を書いて提出します。しかし自ら相談しようと希望して願箋を書く受刑者は多くありません。なぜなら、大半の受刑者は、自ら自分の悩みを相談しようという意思がないからです。なぜ意思がないのかと言うと、社会にいるときから、他者に相談するという経験がないからです。それでは、なぜ他者に相談しないのかというと、彼らの心に刷り込まれている価値観が大きく関係しています。すなわち、「男らしくあらねばならない」「人に弱みを見せてはいけない（彼らにとって、相談することは弱みを見せることになるのです）」「一人で頑張らなければならない」といった価値観です。苦しい気持ちになったり何かトラブルが起きたりしたときほど、人に相談しないで（頼らないで）自分一人で頑張ります。そうして自分のしんどい気持ちをさらに抑圧させ、最後に爆発するのです。

個人面接はあまりないと書きましたが、LB指標という10年以上の刑期の受刑者が収容されている刑務所ともなると、長期間収容されていることもあって、日常生活での悩みに耐えられなくなり、「ちょっと相談してみようか」と面接を願い出る者がいます。私は、B指標の刑務所でも、3年間篤志面接委員をしていたことがあります。B指標とは、累犯で刑期が10年未満の者に付く指標のことです。罪名は覚醒剤がトップです。その刑務所では、覚醒剤を使用した受刑者に実施されるプログラムの講師として、カリキュラムの一コマを担当していました。３年間で、個人面接をした回数は、わずか一回です。しかもその面接は、私の授業を受けた受刑者が「もう一度私に会いたい」と願ってのことでした。彼は「先生の授業を受けてから、考え方が変わり、頑張っています」と話しました。私は、彼を励ますだけで、わずか10分程度で面接を終えました。このことから分かるように、10年未満の短期刑の受刑者は、長期刑の受刑者よりも相談しようという意思がありません。

受刑者にとって、単調な刑務作業を繰り返す毎日は、時の過ぎるのを非常に早く感じさせるものです。ですから、大半の短期刑の受刑者にとって、自分の悩みを相談するよりも、一日でも早く刑期を終えることしか頭にありません。その点で言うと、逆説的ですが、長期刑の受刑者よりも短期刑の受刑者の方が更生するのが難しいという見方もできます。

個人面接が少ない理由として、私が危惧していることは、刑務所の風土の問題があります。明らかに心の悩みがあることが分かる受刑者に対しては、刑務官も「個人面接を受けたらどうか」と助言します。しかしまじめに服役している受刑者は、刑務官の目から見ると、「何の問題もない」となるので、私につながることがありません。まじめに務めている受刑者ほど、「二度と刑務所には戻ってきません」と固く誓います。刑務官も、長期間まじめに服役してきた受刑者の姿を見ているので、「この受刑者なら大丈夫だろう」と思います。しかし人間関係をつくる術《すべ》をまったく学んでいないので、社会に戻れば、容易に孤立し、再犯を起こすのに時間はかかりません。こういうことがあるので、刑務官も「やっぱりダメだったか……」と無力感を強めることになります。

ある刑務官が私に「更生したとしても、彼ら（受刑者）は、社会に戻っても誰からも相手にされないからなあ」と語ったことがあります。違うのです。刑務所内で、「誰かとつながる教育」を受けていないことが問題なのです。受刑者は、誰かに頼ったりグチを聴いてもらったりするという、当たり前のことができないのです。受刑者は出所しても元犯罪者とみなされますから、社会に戻れば、厳しい目にさらされることになります。だからこそ、人とつながる生き方を身に付けさせないといけないのです。

「一人の対等な人間」として接する

個人面接を希望する受刑者はほとんどいませんが、逆に言えば、少数ですが個人面接を希望する受刑者は、何か悩みがあるから相談に来るのです。その点では、初めから面接に対する動機づけがあります。したがって、相談の開始も、一般のカウンセリングと同様、非常にスムーズです。「今日は、どういったことを話したいですか」から始めればいいのです。

「受刑者の個人面接なんて想像できない」と思われるかもしれませんが、普通の面接とほとんど変わりありません。違いを言えば、受刑者の個人面接をする場合、後ろに刑務官が立会っています。「万が一」のことを考えてのことです。しかし受刑者は、ほとんど気にすることなく話したいことを話します。他の刑務官の悪口や刑務所の待遇に対する不満を平気で言う受刑者もいます。最初の頃は、私の方が「後ろに刑務官がいるのに大丈夫？」と内心ハラハラしていたのですが、今は慣れました。

さて、ものすごく当たり前のことを書きますが、受刑者と面接するときに一番大切なことは、受刑者との間に信頼関係をつくることです。しかし、この信頼関係をつくることが、言うは易《やす》く行うは難《かた》しなのです。

私たちでさえ、誰にでも心を開いて本音を話せるわけではありません。まして受刑者は、自分自身が他者を傷つけたり自分自身が他者から傷つけられたりしている経験があるので、普通の人以上に「心を閉ざしている」と考えないといけません。そうすると、「個人面接なんて大変」と思うかもしれませんが、けっして難しいことではありません。支援者が受刑者を「犯罪者」としてではなく、「一人の対等な人間」として、彼らの語る言葉に耳を傾ければいいのです。彼らは自分の目の前にいる者が「どういう人間なのか」を過剰に観察しています。一人の人間として、「あなた（受刑者）のことを教えてほしい」というスタンスでいることが大切なのです。

また、「信頼関係をつくるには、すごく時間がかかるのではないか」という疑問を持たれるかもしれませんが、必ずしもそんなことはありません。「まえがき」で紹介した後藤のように、「話を聴いてくれる人」と思ってもらえれば、30分もかからないのです。逆に言えば、「上から目線」的な人に対しては、受刑者は永久に心を開きません。

涙は心の傷を癒す良薬

受刑者の相談内容は受刑生活における人間関係の問題が主です。人の悩みとは、塀の中も外も関係なく、人間関係が中心なのです。その悩みを掘り下げていくことがポイントです。

たとえば、「人間関係がうまくいかない。すぐにカッとなってしまう」という悩みであれば、しばらく傾聴したうえで「ところで、いつからそういうことがありましたか」などと過去に目を向ける質問をします。突破口となる質問はいろいろあります。「あなたの性格は？　その性格はいつからですか」「幼いとき、家ではどのようなことが起きていましたか」「幼い頃、親からよく言われたことは何ですか」「母親はどんな人でしたか」など、話の流れに応じて、受刑者が話しやすそうな、過去に関係する質問をぶつけてみます。

すべてと言っていいくらい、受刑者は不遇な幼少期を過ごしています。彼らの過去にじっくり耳を傾けると、たいていの場合、親（あるいは養育者）に対する否定的感情があることが明らかになります。たとえば、いじめを受けていた過去が分かり、そのとき親から「勝つまで帰ってくるな」「自分のことは自分で解決しろ」などと言われていたとしたら、「そのとき、本当は母親に何と言ってほしかったですか」といった質問をしてみます。「自分の気持ちを受け止めてほしかった」とか「何も言わず、優しく接してほしかった」といった言葉が出れば、実際にその場面を再現し、ロールプレイング（役割演技）やエンプティチェア・テクニック（ゲシュタルト療法の技法の一つで、目の前に「空（エンプティ）の椅子」を置いて、その椅子に自分が想像した人物が座っていると仮定して、本音を言う技法）などを使って、リアルに言葉を言わせることがあります。すぐに言える受刑者もいれば、「恥ずかしい」と言って躊躇《ちゅうちょ》する受刑者もいます。

もちろん言えないときは、けっして無理強いしません。しかし一言でも言葉を発することができれば、水があふれ出すかのように次から次へと言葉が出てくることがよくあります。すると、次第に感情が高ぶってきて、怒りや寂しさなどさまざまな否定的感情を吐き出します。自分でも思ってもみなかった言葉が口から出て、涙を流す受刑者が少なくありません。号泣する者さえいます。涙は、心の傷を癒す「良薬」なのです。

その後は、スッキリした気持ちになったり何か気づきが得られたりして、受刑者の心に大きな変化が起こります。たとえ一回でも、長年抑圧していた感情を吐き出す体験ができた受刑者は、大きく変わります。彼らは、「ああ、自分の心の奥底にはこういう嫌な感情がずっとつまっていたのか！」と理解するとともに、嫌な感情を吐き出せたことで、心のなかが浄化された気持ちになるのです。

手紙で否定的感情を吐き出させる

もちろん一回の面接で、否定的感情のすべてを吐き出せるわけではありません。そこで、宿題としてロールレタリングを求めます。たとえば、幼少期に自分を殴ってばかりいた父親に対して、小さいときの自分に戻ったつもりになって、「幼いときの私から父親へ」の手紙を書くのです。受刑者は本格的に自分自身と向き合うことになります。

しかし、否定的感情を吐き出すことは容易なことではありません。なぜなら、否定的感情を吐き出すことは自分の心の奥底にずっと閉ざしていた「感情」と向き合うことになるので、とても辛くなるからです。そこで、支援者が支えるのです。指導者のなかには「本音を書かせればいいのだろう」と安易に考えてロールレタリングなどの課題を出す人がいますが、自分の気持ちを受け止めてくれそうもない人に、自分の本音を言うことはできません。受刑者は「この人（支援者）がいてくれるから、しんどいけれど、自分の内面と向き合う気持ちになれる」「自分は変わりたい」と思えるのです。

私は否定的感情を外に出すことの大切さを受刑者に説明するとき、「吐物（ゲロ）を出す」という表現を使います。誰もが経験があると思いますが、吐きたいモノが吐けないまま胃のなかに詰まっていると、いつまでも苦しい状態のままです。受刑者は、ある意味、心のなかに「吐物」がたくさん詰まっている状態の人たちです。吐物を吐き出さないといつまでもスッキリしません。スッキリしないかぎり、新しいモノ（新しい視点、自己理解、新しい考え方や価値観など）を取り込むことはできません。受刑者が否定的感情を言葉や文字にして吐き出せたとき、私は「全部、吐物（ゲロ）は出せましたか」と尋ねます。ため込んでいた吐物を全部吐き出せたときの受刑者の顔は、表情が一変して明るくなっています。吐物を吐くときは苦しいように、否定的感情を出すときもとても苦しいのです。一人で吐き出すのは辛いです。だから、誰かが背中をさすってあげないといけません。辛い課題に取り組んでいる受刑者の背中をさすってあげるのが支援者の役割なのです。

ここまでくると自然と自己理解が進んでいます。受刑者がどのような考え方や価値観を持っているのか、そしてそうした考え方や価値観がどのようにしてつくられてきたのかも明らかになります。たとえば、母親から「男は勝たなければならない」「ケンカの一つもできるようでないといけない」といったことを言われ続けていれば、「力に対して力で対抗する価値観」を持つことは容易に想像できます。受刑者がいじめの話をしたとき、「そのとき、どうしましたか」「誰かに悩みを言えましたか」と質問すれば、たいていの場合、彼らは誰にも相談しておらず、「一人で悩みを抱え込む生き方」になっているはずです。そういう受刑者に、「あなたは、一人で頑張るタイプではないですか」と言ってみるといいでしょう。私たちにすれば、容易に把握できることでも、受刑者にすれば、「なぜ私の性格が分かるのですか！」と驚きの声をあげ、今目の前にいる人（＝私）にもっと相談してみようという意欲が湧いてくるのです。受刑者にすると、「自分のことを理解してくれる人がいる」という安心感が生まれます。そうすると、彼らとの信頼関係がぐっと深まります。

自己理解が得られたら、受刑者に、自分が起こした事件と、過去の生き方や価値観との関係を考えさせます。「もしかしたら、男は弱音を吐いてはいけないという考え方が強くあって、誰にも相談できなかったのかもしれませんね」「孤独になるのが恐くて、仲間の誘いに乗ってしまったのかもしれませんね」などと支援者が洞察したことを伝えてみるのです。これまで考えもしなかったことを支援者から示唆されると、受刑者はハッとなります。

この段階になると、受刑者の心のなかに被害者に対する罪の意識が生まれていることがよくあります。「ロールレタリングを書いたり先生と話したりしていると、不思議と過去のことを考えるようになりました」「なぜか最近、事件のことを考えるようになりました」「被害者の夢をみるようになりました」といった言葉が出てきます。そういう言葉が出てきたら、支援者は「被害者のことを考えるようになったとはすごいですね」と称えるのです。そうなると、私たちが指示しなくても、受刑者が自ら被害者について書かれた本を読み出すことがあります。自分のことが理解できると、相手のことも理解しようとする気持ちになれるのです。人から言われて学ぶ姿勢になったのではなく、自分から進んで被害者のことを考えようと思う心が芽生えるのですから、これこそ本当の反省の始まりです。

整理すると、過去に起きた事実の確認→心の奥底にある否定的感情の確認→否定的感情の吐き出し→自己理解（気づき）と心の変容→被害者に対する罪の意識の芽生えと深まり、という流れになるでしょう。あくまでも理想的な流れですが、紆余曲折しながらも、この方向で面接を進めます。

反省は一人ではできない

出所後の受刑者が社会とつながっていないことを問題視している浜井浩一は「反省は

1人でもできるが、更生は1人ではできない」（傍点は原文ママ）という文章を引用し、「心を入れ替えただけで人は更生できない。人が更生するためには周囲からの手助けが必要である」と指摘しています（『罪を犯した人を排除しないイタリアの挑戦　隔離から地域での自立支援へ』現代人文社　2013年）。率直に言って、私はこの見解に異論があります。確かに更生は一人ではできませんが、反省も一人ではできないと考えるからです。

　これまで述べてきたように、反省は、自分の心の奥底に閉じ込めていた否定的感情の存在に気づき、それを吐き出すことによって、自分の「心の痛み」を実感した後の話です。自分の心の痛みを理解することによって、被害者の心の痛みも実感を伴って分かってきます。そのとき初めて自分が犯した行為に対して、心からの謝罪の気持ちが湧きあがってきます。自然と心のなかから被害者に謝罪する思いが生まれることが本当の反省です。こうした過程をたどることは、一人では絶対にできません。

　このように考えると、引用文の「反省」とは、ただ被害者の心情を理解しようとする教育を意味していると理解せざるを得ません。自分自身の内面を掘り下げないで、ただ被害者の苦しみを理解するだけでは、深い反省をもたらしません。自分が犯罪を起こすに至った自己理解がないので、根本的な価値観や考え方もほとんど変わりません。そうすると、いくら社会が出所した元受刑者の「受け皿」をつくっても、彼らは人に頼ったり甘えたりすることを学んでいないので、結局人とつながることができません。

さらに言えば、支援者に心を開いて自分の心を整理していくことは、受刑者に真の反省をもたらすと同時に、支援者という「他者」に頼る経験をしていることにもなります。人（支援者）を信じ、人（支援者）を頼り、そして人（支援者）に甘える経験をすることで、受刑者は「人とつながることの大切さ」を実感します。受刑者が更生するためには、一人の支援者の存在を通じて、人とつながる術を身に付けることが必要なのです。

私は受刑者を支援するなかで、受刑者に「私もあなたに助けてもらっているのですよ」と言うことがあります。受刑者は自分が助けてもらっていると思い込んでいるので、「えっ⁉ どういう意味ですか」と聞き返します。そこで私はこう言います。「私があなたをサポートすることによって、私は『自分は必要とされる人間なんだ』という実感を得ることができるからです。それは私にとって『生きる力』になるのです」と。人が他者とつながるためには、「自分が他者にとって必要な存在」になることも大切なのです。

そして、そのことは、自分が他者から助けられるだけでなく、自分が他者を助けることでも得られるのです。

人は、「人に支えられる経験」だけでなく、「人を支える経験」をすることで、「一人の人間の存在」の大きさを実感できます。私たちも誰かから相談されると、「自分は相手から信頼してもらっている」と思えてうれしく感じるものです。「人から助けられること」と「人を助けること」を通じて、受刑者は「人とつながることの大切さ」を実感できるのです。

「私はきちがいです」と語った受刑者

本章の最後に、個人面接の事例を一つ紹介します。

ある40代の受刑者です。名前を小川としましょう。個人面接を受けにきた小川に「今日はどういうことを話したいですか」と問うと、彼は「私はきちがいではないかと思うのです」と切り出しました。さらに、「本で読んだのですが、私は人格障害かもしれません。詳しく教えてくれませんか」と言うのです。私が「なぜ、自分のことをきちがいだと思うのですか」と質問すると、小川は事件のことを話し出し、「自分がやったことに対して、まったく悪いことをしたという気持ちが起こらないのです」と答えました。

彼の犯罪は、援助交際をしている女性や風俗店で働いている女性を捕まえて、金を脅し取るというものでした。援助交際や風俗の仕事をしている女性の多くは、自分のしている仕事を誰にも言わないで秘密にしています。そこに付け込んで、仲良くなったところで金の無心にかかるのです。彼が言うには、一人の女性をゲットすれば、数十万か、うまくいくと数百万「稼ぐ」ことができるというのです。今回の犯行は、一度に三人もの女性を長期間監禁したうえで、数千万円もの金を手にしていました。結局、監禁先から女性が逃げ出せたことで、事件が発覚します。これまで小川は、同様の手口で、女性から多額の金を巻き上げていたのです。彼は、刑務所を出所すると、すぐに金になりそうな女性を探し、金を搾取しては逮捕されるというパターンを何度も繰り返しており、「3年もシャバ（社会）にいたことがありません」と言いました。売春をしている女性から金を巻き上げることにまったく罪悪感を持てないというのが小川の本音なのです。だから自分のことを「きちがい」と言ったのです。

私は、なぜ小川が罪悪感を持てないのか、必ず理由があると考え、今回起こした事件から遡って過去のことを聴いていきました。中学時代からずっと社会にいる間、彼は「セックスと暴力の毎日だった」と語りました。女性と付き合って、セックスし、暴力を振るって謝り、またセックスをするという繰り返しだったのです。中学のときには女の子を妊娠させ中絶までさせているのですが、「そのときもまったく悪いことをしている意識がなかった」と答えました。小学校時代の話になると、学校で暴力を振るっていたことが話に出ました。小川は、一つのエピソードを思い出し、「小学三年のとき、女の子にマヨネーズ一本をかけまくったことがあります。そのときでも悪いことをしたと思いませんでした」と語りました。そこで私は彼に、「その頃、家で何か嫌なことがありませんでしたか」と問いかけました。少し考えてから、小川は「そういえば、母親が家にいなかったことを思い出しました」と告げました。これが重要なポイントと考えた私は、彼にその頃のことを詳しく話してほしいと伝えました。

幼少の頃、小川の両親は離婚しており、彼と、彼の姉と妹は母親に引き取られました。母親は水商売をしており、彼が家に帰っても誰もいない毎日でした。母親は家に男性を連れ込み、家に小川がいてもまったく気にせずセックスをしていました。「母親は自分には優しく接してくれました」と言いますが、彼がどんなに悪いことをしても、まったく叱ることをしなかったというのです。小学生のときにマヨネーズを女の子にかけたときも、中学のときに女の子を妊娠させたときも、まったく彼を叱らなかったのです。おそらく母親は小川に「負い目」を感じて彼を叱れなかったのでしょう。私が「本当は、そのとき母親にどうしてほしかったですか」と問うと、小川は「ちゃんと叱ってほしかった」と答えました。そこで私は、「小川さんの目の前に『(空の)椅子』があります。そこに母親が座っていると想像して、幼かったときの自分に戻って、本当に言いたかったことを今言ってくれませんか。目を閉じて、小さい頃の自分に戻ったと思えたときに目を開けて、言ってみてください」と伝えました。

「母ちゃん、ワシは寂しかったんや」

私の指示に従って、彼は目を閉じました。数分後、目を開けてから、小川は目の前の椅子に向かって話し出しました。

「母ちゃん。ワシは寂しかったんや。なんでワシのことかまってくれへんのや。ワシはいつも暗い家のなかで一人ぼっちやったんや。たまに家に帰ってきても、母ちゃんは知らないおっちゃんを連れてきたな。そんなおっちゃんのこと、ほっといて、ワシと遊んでくれや。

小学校のときも、中学校のときも、ワシがどんなに悪いことをしても、母ちゃんはワシを叱ってくれへんかったな。何で叱ってくれへんかったんや。ワシはあんなにひどいことをしたんやで。それなのに、何も言わへんかったな。なんでやねん。ワシには、分からんわ（以下、省略）」

小川は、目に涙をためて、空の椅子に向かって、訴え続けました。言い終わった後、感想を求めると、彼は「なぜか、スッキリしました」と答えました。私は「よく言えましたね。それだけの思いが心のなかにたまっていたんですよ」と称え、「この形で、心の整理をしていきましょう」と伝えると、初めて彼は笑顔を浮かべました。まだまだ母親に言いたいことがあると考え、私は今の形で「小学生のときの私から母親へ」の手紙（ロールレタリング）を書くことを宿題にしました。面接が終わる際に彼は「先生。私が女の子にマヨネーズをかけたことは、このことと関係があるのですね」と私に言いました。小川は、このワークをしたことによって、自分の寂しさやストレスを学校で女の子にぶつけていたことを自ら洞察したのです。

以下は、小川が書いてきた「小学生のときの私から母親へ」の手紙の一部です。

「何で、母ちゃん。仕事から帰ってきて、ごはんつくってから、いつも知らないおっちゃんとおらんようになるの！　ワシは本当に寂しい。学校から帰ってきても、誰もおらへん。やっと暗くなってきても、まだ母ちゃん、帰ってこやへんやん！　もうみんなの家、明かりついていて楽しそうやけど……。テレビ見てても、おもしろないで。もう外、真っ暗やで！　やっと帰ってきたわ！　白いサッシのビニール袋、持っとる！　今日、ごはんは何やろ？　『えっ？』また、母ちゃん。知らないおっちゃんとどっか行くん？　何で行くん？　やっと帰ってきたのに……。
A（姉の名前）はいつもひとりで遊んでるけど、ワシと遊んでくれへん。だからイジメたる。ヘビとカエルを持っていけば、いつもビビッて50円くれるんやで！　B（妹の名前）、イジメて、泣かして、めっちゃ楽しい。（中略）
母ちゃん。何で遊んでくれへんの？　何でお父はいないの？　そんなにお父、怖いの？　心配しんといて。ワシがお父が来たら、殺したるから！（中略）
学校もおもろない！　みんなワシだけ仲間に入れてくれへん。何でや！　今度、あいつ殴ったる。CとD（友だちの名前）を今日、殴ったったわ。あいつの家行って、食い

もん、全部食ったった。（中略）

母ちゃん。ごめんな……。送ってきた、カニ。全部、食べた。母ちゃん、怒らへんかった。何で怒らへん？

母ちゃん……何でいっつも家におらへんの……。夜ぐらいおってほしい。もっと甘えたいな。

母ちゃん。今日、AとEとF（Eは女の子の友だち、Fは男の子の友だち）とエッチごっこした。楽しかった。母ちゃん、おらへんで、わからんやろ……。

なんでもええけど、母ちゃん。もうずっとおってほしいわ」


エンプティチェア・テクニックをして、さらにロールレタリングを書いたことによって、小川は自分自身の「心の傷」の存在に気づきました。心のなかに母親が自分を受け入れてくれなかった「寂しさ」の感情があることを知ったのです。そして、ロールレタリングを読むと分かるように、自分の寂しさが満たされない怒りを妹や友だちをいじめることで発散していたことに気づいています。

小川の家族は、母親と姉、妹と全員が女性です。「まだまだ言いたいことがある」と語った小川は、二通目に家族全員に宛てた手紙（ロールレタリング）を書いてきました。

「愛されたい」という願いは更生の出発点

「（前略）法律守ることは大事や。だけど、罪はそれだけやない！

ただ、この世では、法律を犯すとうまく生きれん仕組になっとる。だから俺ここ（刑務所）におる。この叫びを聞いて、母ちゃんも『バカ』と思うと思うけど……。こんなバカを育てたんは母ちゃんや！

こんなバカなんは自分でも知っとる。この心といつも戦ってきた。けど、こんなバカやけど、お前ら一人が本当に困っとったら、俺は絶対に助けに行くし。もし神様が『家族の命助けたるから、お前死ね！』と言われたら、すぐその場で死ねる。本当の心はここに生きとる。これが俺。家族って何や？　教えてくれよ。少しでも糸口を見せてくれよ。絆って何や？　教えてくれよ。

言葉だけじゃなく、行動で見せてくれよ。

俺はそれやったら、絶対にお前らの気持ち分かる男や。どうしても、それが無いとお前ら信じられんし、そして女全員、信じられんようになってしまう。心のなかで憎んでしまう。

女に優しくしたいし、愛したい。そして、愛されたい。

だけど、それは心から信用がないと、成り立たん！

そんなことは、大人やから分かっとるんや！

だから俺は心から信じたいのに、どうしても信じれん。信じれんから、女傷つけてしまう。これの繰り返しなんや！　だから俺、何回も刑務所来とるんや！

母ちゃん、姉、妹。お前ら倖せか分からんけど……。お前ら、信用できん！　女、全員を信用できんようになってしまった。だから、すごい数の女、傷つけて、泣かしてしまって、ここにおる。それでもお前ら『倖せか！』

俺は、愛しとるはずの女、傷つけるたび、悲しいわ！　苦しいわ！　何でこんなことしてしまうのか、自分でも分からんのや。何度も独居房で考えたけど分からんのや。どうやって撲るのやめるのか分からん。どうやって女を愛するのか分からん、女のこと知っとるのは、どうやったら女、イカせるか。それだけや！　こんなもん、愛やない。それも知っとる。知っとるけど、それしかできへんから、しゃあない。

俺は女を憎んどる。けど、憎みたくない。

女に優しくしたい！　だけど優しくできん。信用できん。女はかわいい。だけど、非常にむかつく。その時、暴力をしてしまう。それはセックスと一緒で火が付いたら、絶対に止まらん。しまいには殺してしまう。それでもどうしたらいいか分からん。これが俺の本音。この世に倖せなんかない！　地獄だけ……。だけど、その中でも何か守らなあかん感情ってあるんやないか。それが家族の絆やないか！　そう思っとるけど……。お前らの言葉が信用できん。行動で見せてくれ。絆の糸口を見せて下さい。それで俺の人生は変わる」

文面を読むと、小川には、母親を中心とした家族に対する強い不信感、同時に「家族の絆」を強く求める心、そして、女性に対する憎悪と女性からの愛に飢えた思いとの間で葛藤があることが理解できます。ここで重要なことは「女性をさんざん苦しませておいて、今さら『愛されたい』などと勝手なことを言うな」と正論を持ち出さないことです。小川が本音を吐露したことが彼自身の「心の傷」を癒すことになるのです。心の傷が癒えれば、小川の心は回復していきます。そうすると、自分がなぜ女性を傷つけてしまったのかが理解できるのと同時に、女性を傷つけてしまったことに対する心の痛みにも気づけるのです。

もう一つ、文面で注目したいことは、「愛されたい」という願いが記されていることです。「愛されたい」という素直な感情が書けることは心が回復している証です。なぜなら、「愛されたい」という願いは、人間の本能だからです。

この後、小川は、実際に姉と妹に手紙を書いたそうです。小川は、自分が犯罪を繰り返してきた理由、家族に対する思い、そして本当は家族の皆から愛されたかったことを素直に文章につづったのです。小川が書いた手紙が姉と妹の心に響いたか分かりません。しかし小川は変わりました。被害者に対する罪の意識も持つようになりました。心が回復すると同時に、被害者に対して自分が犯した数々の過ちにも気づき、罪悪感で苦しむことになります。しかしこれは小川が更生するためには避けられない道なのです。

小川は、「今は更生することしか頭にありません。これまで受刑生活がしんどかったけど、もうそんな悩みはどうでもよくなりました。今度社会に戻ったときは、小さなパブを持って、そこに来る非行に走りそうな少年たちを助けたいんです。それが、自分が犯してきた罪の償いの一つにもなると思っています。私の夢ができました」と笑顔で語りました。ある日の面接で小川は私にこう言いました。「先生。反省は、最後ですね」。

第4章　グループワークは「飲み会」です

受刑者はグループワークを受けたくない

本章では、受刑者をグループにして、集団に授業をする方法を記します。集団を指導することを、矯正教育では「改善指導」と言います。

改善指導には、「一般改善指導」と「特別改善指導」の二種類ありますが、とくに分けて考える必要がないかぎり「改善指導」と記します。ちなみに、「一般改善指導」とは、すべての受刑者を対象に行われるもので、内容は反省を促す教育です。「特別改善指導」とは、犯罪の種別（薬物、殺人、性犯罪など）に応じた教育です。受刑者に対する改善指導はグループになって話し合いをします。それをグループワークと言いますが、矯正教育では「集団指導」という用語が一般的に使われています。

受刑者に改善指導をする際、刑務官がメンバーを選別して、（半）強制的に授業に参加させます。受刑者は、内心では嫌だと思っていても、ほとんどの場合、拒否することはできません。拒否すると懲罰の対象となる可能性があり、そうなると仮釈放の許可にも影響を与えるからです。大半の改善指導は、この方法でメンバーを募ります。メンバーに選ばれたら拒否できませんが、「授業を受けたくない」「私は授業では何も話しませんよ」と不快感を露わにする受刑者がいます。

ちなみに、グループメンバーの数ですが、私は五、六人がベストだと考えています。それ以上になると、グループ間で話し合うことが難しくなり、発言する人が数名に限られて、講義をする感じになります。講義になっては、グループワークをする意味がありません。

各刑務所の実情や犯罪の種類などによって、一概には言えませんが、多くの受刑者は、改善指導を受けることに対して消極的です。「どうせ反省させる授業なんだろう」「面倒なことをするくらいなら、慣れている刑務作業をする方がラク」と考えるからです。しかし少数派になりますが「勉強の機会があるのなら、ぜひ受けたい」と前向きな受刑者もいます。そうした受刑者は、授業でも積極的に発言します。そうすると、授業に（半）強制的に参加させられた受刑者も、だんだんと発言するようになります。積極的に発言する他の受刑者に触発されて、自分も意見を言いたくなるのです。そうするなかで、変わってくる受刑者が少なくありません。

私の狙いの一つは、最初は嫌々ながら参加している受刑者もグループのなかにとけ込ませて、自ら発言したくなる気持ちにさせるところにあります。私の授業は、「反省させないで自由に本音を話すこと」を重視しています。授業が「反省させること」が目的でないと分かると（最終的には、自ら「反省すること」になるわけですが）、日々の受刑生活では話せないことがいっぱいあるので、彼らは自ら話し出します。受刑者は「反省していない」のではなく「反省できない」と書いた理由の一つがここにもあります。

驚かれるかもしれませんが、覚醒剤の受刑者を対象にした「薬物依存離脱指導」という特別改善指導では、授業を受ける前に「私は、覚醒剤を止めるつもりはありません」と露骨に言う受刑者がいます。「止めるつもりはない。あの快感は忘れられない」と語るのです。しかし覚醒剤の快感を語りながらも、皆が本当に覚醒剤を続けたいと思っているわけではありません。心のどこかで「止められるものなら、止めたい」と思っているのです。そうした「止めたい」という気持ちをどこまで確かなものにするかは支援者の手腕にかかっています。

グループワークは「飲み会」と考える

殺人や傷害致死などの生命犯に対して行われる「特別改善指導」を、「被害者の視点を取り入れた教育」と言います。内容は、その名が示すとおり、被害者の心情を理解させるものです。被害者（遺族）がどれほど苦しい思いをしているかを理解させ、罪の意識を持たせることが目的です。

刑務所では、地区ごとに（たとえば「大阪矯正管区」「福岡矯正管区」など）他の刑務所ではどのような授業が行われているのかを「公開授業」にして、参観する機会があります。私は「被害者の視点を取り入れた教育」の公開授業を「見せた」経験はありますが、見たことはありません。他の刑務所の公開授業を参観した人に、授業内容について聞いたことがありますが、方法は被害者遺族の悲しみがつづられた用紙をグループ全員で読み、それに基づいてディスカッションするというものでした。指導者が、用紙を配り、受刑者に黙読させた後、意見を求めます。しかし誰も発言しなかったそうです。仕方がないので、指導者はグループの一人を指名して発言を促します。指名された受刑者は「被害者の悲しみが伝わってきます。本当に申し訳ないことをしました」と答えました。普通なら、一人のメンバーの発言に触発されて、他の受刑者も発言するのですが、後が続きません。指導者は、一人ひとり順番に指名して発言を求めます。他のメンバーの答えも大差なく、謝罪の言葉を述べます。グループワークの展開だけをみた場合、受講しているメンバーは苦痛を感じているのが分かります。メンバーが苦痛を感じていることは、指導者にも伝わってくるので、指導者も苦痛になってきます。結局、重苦しい雰囲気のなか、授業は終了したそうです。被害者の苦しみを理解させることが目的ですから、この方法は「正攻法」かもしれません。しかし結果として、メンバー間での話し合いがほとんどないわけですから、グループワークをした意味がありません。

不謹慎な言い方になりますが、私は集団指導のあり方は「飲み会」を「理想形」と考えています。飲み会は、気楽に「自由に話せる場」であって初めて楽しい場となります。一人でも飲み会の雰囲気に馴染めない人がいると、その人の存在が気になるものです。そうすると、馴染めない人には声をかけて、会にとけ込めるようにする人が出てくるものです。もちろん支援者が声をかけてもいいのですが、メンバーが言う方が会の雰囲気がよくなります。

支援者が「上」で受刑者が「下」というように関係性が硬直化していると、どうしても堅苦しさが抜けません。もちろん支援者は助言したりすることはありますが、一つのテーマを提示したら、メンバーである受刑者が主体となって展開する方が、場が盛り上がります。本音というものは、そういう場の安心感があって、出てくるものです。「飲み会」が盛り上がってくると、笑いあり、涙あり、といった場面が出てきます。感情が高ぶり、思わず自分の心の奥底にあった感情が口から出て、涙を流す受刑者も少なくありません。彼らにとって人前で「涙を流す」ことは「最高に恥ずかしい行動」なのですが、それをメンバーの前でさらけ出せたことで、受刑者の心の変化は大きなものになります。聞いているメンバーも、自己開示したい気持ちに駆られます。人と人との信頼関係が深まる瞬間です。集団指導を「飲み会」と考えたい理由はここにあるのです。

グループメンバーについて、一点触れておきます。グループは、プログラムの最初から最後まで同じメンバーで構成され、プログラムが終了したらメンバーは解散します。そして、また新しいグループでプログラムが始まります。「飲み会」のメンバーが変わったら雰囲気も変わるように、プログラムの内容もメンバーによって変容を迫られます。その意味で、「集団」とは「生き物」と言うことができます。メンバーに合わせて、プログラムの内容も、適宜変える必要があります。その逆はありません。プログラムにメンバーを合わせようとしてはいけません。

集団指導の目的は、あらかじめ組んだカリキュラム通りにプログラムを終了させることではなく、あくまでも受刑者の更生を促すことです。その意味では、カリキュラム通りに進まない授業の方が、うまくプログラムが展開しているという見方ができます。メンバーが本音で意見を言えば、脱線することが多くなるものです。「脱線するところにこそ、真の学びあり」です。

十ヶ月で七回

私が行っている集団指導の回数は、約十ヶ月間に七回です（一回の授業時間は90分）。なぜ七回かと言うと、刑務所側から依頼された回数が七回だからです。回数だけ決まっていて、あとは私の自由に授業を進めていいことになっているので、私は全体の授業の二回目とすべての授業が終わった後に個人面接をしています。うれしいことに、授業終了後のアンケートに「七回は少ない。もう少し回数を増やしてほしい」と書いてくれる受刑者が少なくありません。授業を受けているうちにいろいろな気づきが得られたり、仲間と本音で話したりすることで、役に立つ実感があると同時に面白くなってくるので、受刑者は物足りなさを感じるのでしょう。私としては、あと二、三回増やせればと思っていますが、今のところ七回の授業で進めています。

それでは、私が行っている、全七回の集団指導の基本的な流れを簡単に説明します。重要なことは、グループメンバーが場に馴染むことですから、まずは自己紹介から始まり、アイスブレイク（初対面の参加者同士の抵抗感をなくすために行うコミュニケーション促進のためのワーク）として、簡単なゲームを行います。

私の場合、「後出し負けジャンケン」というゲームをしています。ジャンケンで、「後出しして負ける」というルールです。実際にやってみると分かりますが、これが意外と難しいのです。私たちはジャンケンをして勝つという目的に慣れていますから、後出ししても勝ってしまうのです。ここで笑い声が起こり、少し場が和みます。その後、さっそく私が「新しい視点」を提示します。「皆さんは、『勝負は勝たなければならない』と思っていませんでしたか」と問いかけ、「実は、負けるといいことがあるんですよ」と伝えます。意味が分からずとまどっている受刑者に対して、「勝つ人には、人は集まりません。負ける人に、人は集まってきます。勝つ人ではなく負ける人にこそ、手を差し伸べたくなるものです。負けることは、良い人間関係をつくる方法でもあるんです。

『負けるが勝ち』という言葉もあるじゃないですか」などと説明します。「勝つことが当たり前」と思い込んでいた受刑者にとって、このアイスブレイクだけでも気づきを与えることができます。

ここから本題に移ります。最初の題材は「反省」です。前著『反省させると犯罪者になります』でも取り上げた、万引きをした女子高生が書いた反省文を使います。内容を簡単に説明すると、雑貨店で万引きをした女子高生は、学校で謹慎処分を受け、反省文を書きます。その内容は深く謝罪した文面に終始し、最後に「二度とこのようなことをしないように、気持ちを引き締めて学校生活を送ります」とつづられています。この女子高生の家庭は母親が過干渉で、10分おきに部屋を覗いて勉強しているか確認するほどです。父親は権威的で、指示に従わないときには暴力まで振るいました。こうした家庭環境のなかにあって、女子高生は万引きをして、「りっぱな反省文」を書くことになります。授業では、彼女の家庭環境を説明したうえで、「反省文」を読ませ、メンバーに感想を求めます。詳細は前著にゆずるとして、この授業の目的は、反省することは抑圧することにつながり、さらなる問題行動のエネルギーになることを考えさせる点にあります。受刑者は、女子高生の万引きは家庭環境の息苦しさが原因であり、彼女が本当に万引きを止めるためには、反省の言葉を繰り返すのではなく、自分の苦しさやストレスを外に出す必要があることを理解していきます。

全七回の授業のうち、前半から半ばにかけて、「被害者」ではなく、「加害者」の事例を用いて、自由に話し合います。酒井法子さんが覚醒剤を使ったときの謝罪会見の文章も題材にします。狙いは、受刑者が「自分が弱いから」とか「性格が短気だから」といった「あいまいな理由」で事件を起こした原因を捉えていることに問題を投げかけ、自分の内面をみつめさせるきっかけを与えることにあります。受刑者も知っている有名な事件（いじめや虐待の事例も含みます）は、事件を起こした加害者の「生い立ち」が分かる場合があるので、それも提示して、なぜ犯罪が起きるのかを考えさせます。さまざまな犯罪の事例を紹介すると、参加しているメンバー自身の問題と重なる事例があるものです。こうして受刑者自らが自分の内面をみつめるように促していきます。

殺人事件の原因をみんなで考える

加害者の事例のなかでメインとなるものは、殺人事件の事例です。この事例を用いて、どのようにグループワークを進めていくのか具体的に記します。

殺人事件の内容は、夜、街を歩いていると、自分の知り合いが喧嘩に巻き込まれている場面にたまたま遭遇するという設定です。この事例を取り上げると、受刑者が必ずといっていいほど言う回答（本音）があります。「自分の知り合いだったら、絶対にやり返しますね」です。ここで正論を言っては、アウトです。正論とは、「そんな考え方をしているから、また刑務所に来ることになるんだぞ」といった説諭です。

私は、受刑者が「本音」を言ってくれたことに注目します。「おっ！　それは本当の気持ちですね。本音を言ってくれて、ありがとう」と応じます。内容はともかく、「本音を言ってくれたこと」にまずは謝意を示すことがポイントです。次に、「その考え方は、『力に対して力で対抗する考え方』と考えていいですか」と確認します。そのうえで、「これまでこの考え方で、『得たもの』と『失ったもの』は何でしょうか」とか「この考え方で、出所後も生きていくとどうなるでしょうか」といった質問をして、「力に対して力で対抗する考え方」が犯罪を起こすうえで非常に危険な要因であることを理解させます。そして、「他にいい方法はないでしょうか」と問いを投げかけます。多くの受刑者には、「誰かに助けを求めること」や「逃げること」といった発想がありません。「やられたらやり返す」という考え方は、彼らの価値観として根強く心に刷り込まれているのです。「大声を出して、誰かに助けてもらうなんて考えたこともなかったです」と答えた受刑者もいました。彼らにとって、「逃げること」などもってのほかなのです。そこで私は、「逃げること」は「自分の身を守ること」でもあると「違う視点」を提示します。

授業の後半になってくると、出所後のことを考えた内容を取り入れていきます。たとえば、出所して、偶然昔の悪い仲間と出会ってしまって「悪い誘い」を受けたとき、どう断るのかロールプレイングをさせます。

私たちにも当てはまることですが、断ることは苦手なものです。なぜなら、断ると、その人との関係が悪くなるかもしれない、その人が自分から離れていくかもしれないと思うからです。受刑者の場合、その傾向はもっと強くなります。彼らは、強がっていながら、心の奥底では孤独になることを人の何倍も恐れています。ロールプレイングでは、いろいろと言い訳をして断ろうとするのですが、うまく断りきれず、最後は引き受けてしまう場合もあります（この場合、爆笑になります）。ここで私は「なぜ、悪い誘いと分かっているのに、うまく断れないのか」を考えさせます。ある受刑者が「私は人が良いからなあ」と答えました。この答えは間違っています。私は、「なるほど。そういう捉え方もありますね。しかし、本当は断ったら人が離れていくことが恐いのかもしれませんね。人は誰も、一人ぼっちになるのが恐いんですよ。私もそうです」と伝えます。そして、「切らないといけない人間関係」もあることを確認したうえで、「はっきりと手短に」断る練習をさせます。今度は、絶対に失敗させてはいけません。カタチだけでもいいので、しっかりと断らせます。

ちなみに、受刑者の誤った考えに対して、なぜ私が「なるほど。そういう捉え方もありますね」といったん受け止めるかというと、受刑者の言葉を否定したくないからです。受刑者は、自分の発言を否定されると、「自分自身を否定された」と捉える傾向があります。支援者が自分の考えを述べるときは、配慮が必要なのです。

これが被害者と向き合う方法

授業の中盤から最後になると、いよいよ被害者と向き合っていきます。まずメンバーに対して、被害者について思っていることを自由に語ってもらいます。どんな意見でも、すべて本音として静かに耳を傾けます。メンバーが語り尽したところで、私の更生に対する考えを述べます。「被害者は加害者を絶対に許しません。しかし、更生するための条件として、被害者は自分を絶対に許さないという思いを忘れず、人とつながることを大切にして『倖せ』になることです。人とつながることによって得られる喜びが大きいほど、皮肉なことに、被害者の心の痛みがそれだけ心に突き刺さる激しい痛みのように感じるようになります」と伝えます。私は黒板に「倖せ」と書きます。彼らの「しあわせ」は人とつながっていることが前提ですから、「幸せ」ではなく、「倖せ」と書くのです。以上を踏まえて、「社会に戻ってから、どのように生きていくのかを被害者に伝える」という形で、「私から被害者へ」の手紙（ロールレタリング）を課題にします。

この手紙を踏まえて最終回では、ロールプレイングをします。具体的には、メンバーがペアになって、各自が「加害者役」と「被害者役」を交互に演じます。加害者役の受刑者は、ロールレタリングに書いたように、出所後に社会でどのように生きていくのかを被害者役の受刑者に言葉で直接伝えます。その言葉を聴いて、今度は被害者役の受刑者は、加害者役の受刑者に言葉を返します。ここで私は条件を一つ付けます。被害者役の受刑者に「頭に浮かんだことを自由に返してください。ただし、必ず肯定的な内容の言葉を一つ添えてください」と伝えます。この条件を加える意図は、被害者役の受刑者が、あえて「肯定的」な言葉を加害者役に返すことで、命を奪われた被害者の存在を強く意識させることにあります。すると、被害者役の受刑者は、生きていれば被害者が得ることができたはずの「肯定的」な「人生の一部分」を、自らが奪ってしまったことに思いが至ります。ここでは、じっくり時間を取ります。このロールプレイングをすることで、思わぬ言葉が受刑者の口から飛び出して、彼らはさまざまな洞察を得たり罪の意識が深まったりします。

以上が、私の授業展開の概要ですが、授業中にメンバーからいろいろな質問が出て、脱線することがあります。脱線する質問は、実は重要な問題提起です。なぜなら、脱線する質問は受刑者自身が社会で体験していることだからです。

たとえば、暴力を振るわれている友人を助けようとして加勢したところ、逆に殺害してしまうケースでは、「暴力を振るわれているのが妻子だったら、どうしたらいいですか」という疑問が出たことがあります。また、断る練習をしているとき、「相手から『お前の妻に手を出すぞ』と脅された場合はどうすればいいですか」といった質問です。これらは、彼らが実際に体験しているからこそ出る質問なのです。こういう質問が出たとき、私は「おっ！　いい問題提起をしてくださいましたね。ちょっと皆で考えてみませんか」とメンバーに意見を求めます。場合によっては、質問に続けて「実は……」と言って受刑者が自ら事件のことを話すことがあります。受刑者自身が苦しい胸の内を初めて他のメンバーの前で明かすのです。そうすると、メンバーは「自分が信頼されていること」を感じ、お互いの信頼関係が深まります。自分の問題を話した受刑者だけでなく、それを聴いて真剣に考える受刑者が、お互いに変わっていくのです。

なお、授業と並行して、私はメンバーとの間で「ノートの交換」を行っています。一人ひとりの受刑者がどんな感想や思いを抱いているのかを理解するとともに、ノートの交換を通じて個別に信頼関係をつくりたいからです。課題として、毎回の「授業の感想」に加えて、もう一つ別の課題を与えます。もう一つの課題は、「今、考えていること（悩んでいること）」「幼いときに、うれしかったこと、悲しかったこと、辛かったことなど」「私から親（養育者、きょうだいなど）へ」の手紙（ロールレタリング）、「過去に迷惑をかけられたこと」「私から迷惑をかけられた人へ」の手紙（ロールレタリング）、「私から大切な人へ」の手紙（ロールレタリング）、「私から被害者へ」の手紙（ロールレタリング）といったものです。一人ひとりの受刑者の問題に応じて、個別の課題を求めることもあります。そして、メンバーが書いた文章に対して、私は返事やコメントを書いて、ノートを返却します。ノートの交換を通じて、受刑者は他のメンバーの前では言えなかったことを書きます。そうして、一人ひとりの受刑者の心の傷を受け止めることを大切にしています。

共犯者に対する否定的感情を吐き出した受刑者

個人面接と同様、本章の最後に、集団指導を受けた受刑者の事例を紹介します。第1章で取り上げた、主犯格の共犯者に対して、否定的感情を持っていた吉本です。

吉本の生育歴を簡単に紹介します。自営業を営む父親と母親、祖母、妹と長男であった吉本の五人家族です。父親はしつけに厳しく、吉本には暴力を振るうこともありました。高校の頃より、喧嘩をして停学になることが多くなります。高校卒業後、人間関係がうまくいかず、吉本は職を転々とします。30代前半に派遣会社が紹介した仕事に就きますが、その頃知人の暴力団員を通じて、被害者となる横山と知り合うことになります。

それでは、全七回の授業をするなかで、吉本がノートに毎回書いた「授業の感想」と二通のロールレタリングを、以下に抜粋して紹介します。吉本の心がどう変わっていくのか「生の文章」からご覧ください。

【万引きをした女子高生が書いた「反省文」を題材にしたときの授業の感想】

「私が今までしてきた『反省』というものは上辺だけのものであって、けっして本来あるべき反省ではないとあらためて痛感しました。

確かに今までも、本当に失敗を繰り返すことはやめようと何度も反省し考えてきたつもりでいたのですが、でもまた同じような失敗に出くわすたびに、何をしてるんだろうと自己嫌悪に陥ることも何度となくありました。それは全て『原因』というものを徹底的に追究していなかったからに他ならないと思いました。その失敗してしまった事柄だけに目がいってしまい、大切な原因を見落としていたのだと気づくことができました」


本書で述べてきた「反省」の問題点を吉本がよく理解していることが分かります。吉本は、「失敗→反省（上辺だけ）→自己嫌悪」というパターンを繰り返していました。自己嫌悪は、自分をみつめようとする意欲を奪うことになります。しかし、授業を通じて、吉本は、反省するのではなく、「原因」を追究する姿勢に変わっています。

この授業の後に、個人面接を実施しました。そのとき吉本は、事件の共犯者から「絶対にバレない。バレても、お前たちのことは話さない」という約束を反故にされたことに対する怒りを吐露しました。そこで、私は共犯者に対する手紙（ロールレタリング）を課題にしました（書いた後に【感想】も書くように求めました）。

【私から田中（仮名。事件の主犯者）へ】（ロールレタリング）

「田中。お前には山ほど言いたいことがあるが、まずお前は今、いったいどんな気持ちでいるんだ！　少しは皆に申し訳ないとか思ってんのか？

お前が皆のことを謳《うた》い、そのおかげで俺はそこそこの生活ができて何の問題もなかったのに、それがお前のせいで、全部ダメになっちまったじゃねーか！　俺は家族もあったのに、その家族とも別れ、何もかも失ったぞ！

子どもの成長もこの目で見れず、まして家族は殺人犯の家族として世間から見られ、どんだけ辛く苦しい思いをしたと思うんだ！　それも多感な時期に。今でも子どものことを考えると、お前に腹が立って腹が立ってたまんねーよ！（中略）

横山が死んで、一番楽になったのは、お前だけだ！

俺は一生お前を許すことはしない。絶対にな！（以下、省略）」

【共犯者への手紙を書いた後の感想】

「先生との個人面接の際に、自分の内に秘めた思いを吐き出すために、なぐり書きでもいいから書けということでしたから、今回は私の事件の主犯に対し、秘めていた部分を書き出してみました。

書き出す前は、あれもこれもと考えている最中に腹が立ってきましたが、文句を書きつづっているうちに、少しずつ気分が晴れてきたような気がしました。今までは、お話ししたように、自分の内に閉じ込めてしまい我慢することが多かったのですが、これからはこの方法でいろいろと吐き出していこうと思います。これからは内に秘めず出し切ることを心がけたいです」

吉本の共犯者への手紙を読めば、すべてを失ったことで、共犯者に対する強い憎悪を心のなかにずっと閉じ込めていたことが分かります。誰にも言えなかった「吐物」を吐き出せたことで、「気分が晴れてきた」のです。もし吉本が憎悪の感情を外に出さなければ、憎悪はさらに抑圧されてパワーアップしていき、吉本は強い憎悪の感情を秘めたまま出所していくことになります。社会に戻って偶然共犯者に出会ったとしたら、吉本は自らの手で殺人を実行するかもしれません。しかしその可能性は低くなりました。否定的感情を吐き出せたことで、吉本は更生するための高いハードルを一つ越えたのです。

自己理解が進み、自分の変化を実感し始める

【虐待事件を題材にしたときの授業の感想】

「今回こうした授業を受けるまで、私も非行に走った理由、反発・反抗した理由が分からないまま何度も繰り返していたと思います。

今では、少なからず自分の原因と言いますか、人目を気にすることや、目立ちたかった理由が分かるようになり、今なら原因を受け入れ少しずつ改善できるような気になってきました。先生が言われたように、原因をちゃんと理解し、それに対し向き合わないと同じことの繰り返しという意味が少しずつですが分かり始めました。

そして、反省し『ちゃんとやる』『真面目になる』という思いが強ければ強いほど、我慢や抑圧でまた爆発してしまうということも分かったので、我慢、抑圧することなく弱い部分は弱いなりに人に対して言える、話せる人になり、そうした人とのコミュニケ

ーションもしっかりとっていければと思います。どれだけ変われるかは自分次第でしょうけど、変わらなきゃ変わらなきゃと焦れば、また違う方向へ走るので、焦らずのんびり自分なりに変わっていこうと授業を通して感じました」

本書のなかでは、塀の中にいる者の悩みと塀の外にいる者の悩みは変わらないことを書きました。その一つは「人の目が気になること」です。意外に思われるかもしれませんが、受刑者は、過剰に「自分は人からどう思われているか」と他者の目を気にしています。彼らの過敏なほどの他者意識は、今の子どもや若者たち以上とも言えます。

それでは、なぜ受刑者は過剰に人の目を気にするのかというと、幼少期の親子関係に起因しています。いろいろな原因がありますが、一つは親の厳しいしつけです。親が厳しくしつけようとすると、子どもは「親に叱られないようにしよう」といつも親の顔色をうかがうようになります。吉本の父親のように、暴力を振るう父親であれば、子どもはいつ暴力を振るわれるかとビクビクしたり暴力を振るわれないために「いい子」になろうとしたりします。非行少年や犯罪者は「しつけを受けていないから悪いことをするのではないか」と考えられがちですが、「しつけを受け過ぎている」ことの方が犯罪を起こす原因になっている場合が多いのです。程度の差こそありますが、受刑者の幼少期の問題は、今の子どもや若者たちのそれとけっして無縁ではありません。

吉本は、暴力を振るうほどの父親の厳しいしつけを受けたことから、「男らしくあらねばならない」という価値観を持つようになりました。人は、自分がされたことを、人にして返します。吉本が暴力を振るうようになったのは、父親の影響であるのは間違いありません。文中にある「目立ちたかった理由」は、「男らしさ」「力の強さ」を誇示することで他者に認められたかった（＝愛されたかった）のです。その生き方は思春期から顕著になり、常に暴力で他者から認められるパターンに陥っていたのです。

文面からは、自分がしてきた問題行動への自己理解が生まれているとともに、そんな過去の自分を受け入れようとしていることが伝わってきます。強がった生き方をするのではなく、「弱い部分は弱いなりに」というように、吉本の心には「ありのままの自分」で生きていこうとする「心のゆとり」さえ芽生えています。また、「抑圧が犯罪につながる過程」をよく理解していることも分かります。

ここで見逃せない点は、吉本が「焦らずのんびり自分なりに」変わっていこうと思っていることです。非行少年や犯罪者は、「すぐに結果を出さないといけない→必死で頑張る→結果が出ない自分が嫌になる→再び非行・犯罪に走る」というパターンを繰り返します。これも、早く結果を出して、誰かに認めてもらいたい、すなわち「愛されたい」という強い愛情飢餓が根底にあるのです。

なぜ倖せになることが罪の意識を持つことになるのか

【吉本がノートに書いた疑問（家族が嫌がらせを受けたらどうするか）に関する話し合いの後の授業の感想】

「今回の授業では私が体験した家族に対しての嫌がらせを議題として取り上げてくださり、ありがとうございました。

最初は皆の前で話すことに躊躇《ちゅうちょ》や抵抗もありましたが、ここでちゃんと向き合っておかねばと思い、自分の思いや考え、被害者に対しての思い等、全てを話させてもらいました。

皆の前でも話したように私はいまだに被害者の横山に対しては憎しみとか、あいつにさえ出会わなければとかという気持ちはあります。（中略）そうした思いを今回の授業で全部吐き出させてもらいました。なので余計に自分のなかではスッキリし、同時に改めて事件を見つめ直すこともできました。

それと、被害者のご家族のこと、またそれに対する気持ちにも今までと違った感じで思い至ることができたのです。今回お話ししたように、自分の息子を重ね合わせ、被害者の両親の今の気持ちを察すれば、やはり私たちのことを許すことはないと思います。もし私が逆の立場であれば、やっぱり許すことはできないと思うのです。たとえ息子が悪いと思っても殺すことはないいんじゃないかと考えるでしょうし、加害者のことを責めてしまう気がします。現に横山の両親はそう思っていると思うのです。そんななかで、私にできることは『自分が倖せになる』ということなんですよね？（中略）この中での生活でも先生もご理解いただけるとは思いますが、色々とトラブルが起こることがあるのです。そういう時に以前の自分ならケンカすることもあったと思いますが、今はそうならずちゃんと話し合い、解決するという道を選ぶようになったし、悪いと思えばちゃんと謝罪をする。自分の気持ちを相手に伝える。そうした言動ができるようになり、そうしたことで今までとは違った自分を見つけ出すことができたのです。そうした自分に対し、何だかうれしく倖せな気持ちになるのです。私はそうした小さな倖せを積み重ね、被害者やそのご家族への贖罪としていければと思います」

グループワークは、台本通りに進むべきではないと書きました。授業中に受刑者が抱いた疑問には重要な課題が隠れているので、私は、ノートに返信を書いて回答するよりも、本人の了解を得たうえで、「全員の課題」として、授業で取り上げます。

結果として、吉本は、授業のなかで自分が起こした事件の経緯と被害者である横山に対する否定的感情を吐き出しました。誰にも言えず「反省すること」でずっと押し殺していた感情をグループメンバーの前で話せたことによって、吉本は「スッキリ」した気持ちになっています。まさに、吐けなかった吐物を出しきった後の身体感覚です。そして、スッキリした気持ちになることで、初めて被害者遺族の立場になって考えるようになっています。

吉本は、自分の本当の気持ち、すなわち共犯者と被害者に対する否定的感情を吐き出せたことで、被害者遺族の苦しみを理解するようになりました。自分の気持ちを整理すれば、自然と他者のことに気持ちが向かいます。そして、これが本当に被害者の苦しみを理解する出発点なのです。以下は、最後の課題である被害者遺族への手紙です。

【私から被害者遺族へ】（ロールレタリング）
「横山のお母さん、お久しぶりです。あなたに最後にお会いしたのは今から〇年ほど前になるでしょうか？
△県の裁判所が最後になりますよね。裁判での被害者家族から私たち被告人に対する発言の時にあなたは横山（息子）が悪かったかもしれないけど、本人はもうすぐヤクザもやめて普通の社会人になり生活するつもりだったとかヒドイことをしたからといって殺すことはないとか、あたかも自分の息子は悪くないようなことを言われていましたよね。
当時の私は、何を勝手なことを言ってとか、何を勝手な想像だけでものを言っているのかと思ったものです。なぜなら、あなたなら心当たりがあると思いますが、あなたは息子さんの生前、息子の家に来ては、こづかい銭をもらったり物を買ってもらっていたでしょ？　その金が犯罪で得た利益からもたらされたものであることは知っていたと思うし、私たちが嫌な思い、辛い思いをし、私たちのお金が息子に流れていることも薄々でも知っていたと思います。なのに裁判でもうすぐヤクザをやめるつもりだったとか言

うので、私は何をキレイ事を言ってるんだと思ったものです。これは私以外の者たちも思ったことでしょう。なのでハッキリ言えば、私たちを悪くするために言ってるんだろうと思いました。

あれから〇年の月日が経つなかで、私は私で多くの葛藤がありました。信用やお金を失ったのはもちろんのこと、何より大切と思う人たちが次々と他界し、私もどうしようもない悲しみに陥ったものです。

そうしたことを重ねてきたなかで、そして今回授業を受けてきたなかで、少しずつですが、あなたや息子さんに対する気持ちに変化が出てきました。私も子を持つ親として、あなたの気持ちが分かる気がします。もし自分の子どもがあなたの息子さんのような状態だったとし、それが原因で命を奪われたとしたら、私もあなたのようになりふりかまわず、少しでも重い罰を受けさせようとするでしょうし、息子の悪行には蓋をしてキレイ事しか言わないでしょう。たとえどんなに悪い子どもでも、親なら小さい頃からの姿や優しい部分なども知ってるから、それを考えれば、他の誰もが口をそろえ『悪い』と言っても、自分だけは息子を信じるものですよね！　だからあなた自身は私たちを許すことはないと思います。そう思うからこそ、私も『許してください』と心のなかで思っても口にはできません。ですが私はここで、自分が倖せになることで、その倖せを通して、あなたや息子さんに向き合うことを学び、一つの贖罪とし、倖せになっていこうと思います。

　あなたの息子さんも、本来であれば味わうべきであった倖せを私は生きることで倖せになることで代わりに味わい、私はその倖せを味わうたびに息子さんを思い出し、あなたを思い出し、贖罪としていきたいと思っているのです。なので私は許してくださいと言わない代わりに、私のこの気持ちをご理解いただければと思うのです。（中略）今日は勝手なことを言って申し訳ありませんが、私の思いの全てをお話しさせていただきました。理解に苦しむこともあるとは思いますが、私の思いとして受け止めてくださいお願いします」

　文面を読むと、吉本は、横山の母親が裁判で「キレイ事」を言っていたことから、殺害した被害者の母親に対しても否定的感情を持っていたことが分かります。裁判という場で、反省するどころか、被害者に対して憎しみを増幅させていたことが想像できます。

　注目すべき点は、吉本が、自分の息子と被害者を重ね合わせて考え、「私たちを許すことはない」と被害者感情を理解していることです。吉本が「自分の息子」のことに思いを馳せ、そこから被害者遺族の苦しい思いを考えられるようになったのは、吉本の心の奥底にあった否定的感情が外に出たからです。

最後に吉本は、贖罪のあり方について記しています。吉本は「倖せを味わうたびに息子さんを思い出し、あなたを思い出し、贖罪としていきたい」と書いています。被害者遺族にとってはまことに失礼極まりないことですが、すでに述べたように、私は罪の償いをするためには、人とつながって「倖せになること」が条件になると考えています。不幸であると、人とつながることはできず、罪の償いどころか、孤独感とストレスを強めるばかりとなり、再犯という最悪の結果をもたらします。贖罪どころか、新たに被害者を出してしまうのです。出所した元受刑者にとって、被害者が絶対に自分を許してくれないことを胸に抱きながら「倖せになること」を目指すのです。

皮肉なことに、加害者は倖せになればなるほど、被害者を殺めたことに対する罪悪感が強くなります。そして、それは死ぬまで続くのです。吉本の文面は、「倖せになること」は贖罪と密接に関係していることを明らかにしてくれています。

一人のメンバーの自己開示が他のメンバーの心を開かせる

実は、第1章で、受刑者が被害者と向き合えない理由の「共犯者に対する恨み」で取り上げたもう一人の受刑者は、吉本と同じ授業を受けていました。たまたま二人が同じような事件を起こして、同じグループのメンバーだったのです。幼い頃から兄に暴力を受けて、成人になっても兄の言うことに従い、兄の殺人に加担して死体の運搬をした30代の受刑者です。名前を新井としましょう。新井は、吉本が被害者に対する本音を語った後の「授業の感想」で、以下のように書いています。

「今回の授業を受けて、吉本さんの経験を知り、とても衝撃を受けました。私は、授業のなかで、相手は違っていても、同じような悩みをかかえている人がいたということに、衝撃を受けると同時に、どうしてか勇気づけられ、自分も頑張っていこうと思いました。自分だけじゃないのだと安心感がわきました」

この後、新井は自分が起こした事件のことを振り返る文章をつづっています。そして、「私は、授業を受けるようになって、以前よりも、いっそう事件を起こす前の生活を振り返るようになりました」とノートに書き、事件当時、自分がどういう生き方をしていたのかを記し、自分自身の問題点に気づきました。すなわち、兄に命令されたことを「心の弱さ」と捉えていたことです。新井は、兄から高額の報酬がもらえることを内心では当てにしていたのです。兄に責任転嫁することで自分自身と向き合っていなかった新井が、事件を自分の問題として捉え、自分の問題を理解したのです。

新井が自分をみつめる文章を書けたのは、吉本が心を開いたことがきっかけです。逆に言えば、吉本が心を開かなければ、新井も心を開けなかったことになります。言いたいことは、「本音を言える場」と「本音を受け止める他者」が存在することによって、お互いが人に頼れる（頼られる）経験をし、受刑者は自ら反省し更生への道を歩み出せるということです。

一人の受刑者の自己開示は、他のメンバーの心を揺さぶります。ここにグループワークならではの絶大な効果があるのです。

【全体の授業の感想】

「最初に私が思っていた改善指導は、被害者に謝罪をし反省させるものだと思っていたので、授業が始まった頃は全然そんな話が出なかったですし、何回目かの宿題では共犯者に言いたいことがあれば包み隠さず書けと言われ、まさに面喰らいました。

また、私が『男らしくなければ……』という考え方を持ったのも、父からの厳しいしつけに起因していたことにも気づけました。今までそんなことも分からず、やられたらやり返さねばとか、ずーっと思っていました。でもその考えがまた犯罪などにつながる力になるということは先生が分かりやすく説明してくださらなければ分からなかったと思うのです。今では、男らしくうんぬんではなく、弱い所は弱いなりに嫌と思うものは躊躇せず嫌だと断るようにと思える自分が少しずつですができてきました。今まで恥ずかしいと思っていたことが、それは恥ずかしいことではなく、人間としてあたりまえの姿だということも今は気づかせてもらったことに感謝しています。（中略）

ほんの小さく些細な倖せでもちゃんと感じ、その時その時に私だけでなく被害者やそのご家族の分も一緒に感じていきたいと思います。被害者への気持ちが変わりつつあったものが、ちゃんとした『変化』に変わりました。そのご家族への思いも『手紙』を書き、自分の気持ちを書いたことで変わり、相手の気持ちを思いやれるようになった気がします。私も人の親ですから、とくに被害者ご家族の気持ちは分かるようになりました。

だからこそ最後のロールプレイングでは熱いものがこみ上げてきたのだと思います。
それと、先生の授業で勇気や前向きに考える姿勢をずーっととれてこれたのは、ノートのやり取りのなかで毎回先生が私の意見に対し、温かいコメントやエール、またお褒めの言葉をくださったおかげだと思うのです。私は子どもの頃からあまり褒められた記憶がないので、こうした大人になって褒められた時は最初気恥ずかしさはありましたが、そのうちそれが心地よくなり、もっと変わりたいという気持ちにもなりました」

吉本は、本音を出せたことによる自分自身の変化を実感しています。そして、そのことをうれしく思い、「もっと変わりたい」という意欲さえ生まれています。また、吉本は、私の授業とノートのやり取りにおける私のコメントに「心地よさ」を感じていることも分かります。人が本当に変わるためには、罰を与えることではなく、支援者が受刑者を支え、支援者としての「愛情」を注ぐ必要があることを吉本が教えてくれています。

第5章　刑務所は受刑者と向き合えるのか？

長期累犯受刑者は野放し状態

法律が改正されて、すべての受刑者に改善指導をすることが義務づけられました。しかし、LB指標のような長期累犯受刑者が収容されている刑務所では、改善指導はおろか、ほとんど教育ができていないのが実情です。

美達大和の『塀の中の運動会』には、主人公の光岡と、元ヤクザで殺人を犯した万田三雄（66歳）との間で交わされた、以下の会話が記されています。光岡は、一向に反省しない周りの受刑者の姿に疑問を感じ、19年間服役してLB指標の実態に精通している万田に質問します。

「刑務所では教化とかしないんですか？」

「形だけのプログラムでなんにもなりませんな。受講した奴らが少しは考えましたと言うのは、刑務所やマスコミへのリップサービスです」

新法施行後、犯罪別に矯正プログラムの受講が制度化されている。しかし、現実に受講するのは数百人にひとりであり、月に一、二回では形式でしかない。LB級施設のチョーエキは、社会人の想像をはるかに超えて罪悪感はなく、生活自体が犯罪によって支えられている。

そしてそのことに毛ほどの疑問も抱かず、己の人生を省《かえり》みることもない。常に目先の快楽・欲望を満たすことだけが、再犯を繰り返すチョーエキの人生だった。

「刑務所で更生させることは無理なんですか？」

「指導する刑務官を増やして、もっとチョーエキのことを理解している者がプログラムを作らないとダメですな。専門家と称する連中の作るものはまったく的外れでしかありませんな、実態からは」

万田は周りを見回してから小さな溜息をついた。（110－111頁）

万田の言葉は、今のLB指標の刑務所における改善指導の実態を見事に表しています。

「受講するのは数百人にひとり」というのは若干改善されていますが、受講できる受刑者は依然としてほんの一握りで、プログラム自体も「チョーエキのことを理解して」つくられたものとは言い難く、実施回数も「月に一、二回」なので形式的と言われても仕方ありません。

厳罰化の傾向もあって、全国に16ヶ所あるLB指標の付いた受刑者が収容されている刑務所は、いずれも過剰収容となっています。何百人、あるいは場所によっては千人を超える受刑者が収容されている刑務所において、一、二名の教育専門官（少年院の法務教官が刑務所に配置されて付いた肩書。少年院では矯正教育の蓄積があるので、教育専門官の役割が期待されています）が増員されたからといって、全員の受刑者に対してグループをつくって数回のグループワークなど実施できるわけがありません。施設によっては、支援する者が少ないため、テキストを配って自習させているところもあります。それで教育を行っているという「体面」を取り繕っているのです。「人」でなく、「紙（テキスト）」で人が更生するわけがありません。しかし現状では、そのことで施設側を責めることはできません。受刑者に教育を行うためのノウハウが確立されていないうえ、支援者の数が絶対的に不足しているからです。

私たちが普通に考えることの一つは、「凶悪な犯罪を起こした者ほどしっかり教育を受けさせないといけない」ということではないでしょうか。しかし、実情は逆です。受刑者は、まずＡとＢの指標に分類されます。犯罪傾向が進んだＢに比べて、Ａは初犯など犯罪傾向が進んでいない受刑者に付けられる指標です。10年以上の長期の受刑者には、Ｌを付けると述べました。分かりやすくするために、量刑の軽い順に並べると、Ａ→Ｂ→ＬＡ→ＬＢとなります。そして、できるだけ数多くの受刑者に「教育」を行っている刑務所も、Ａ→Ｂ→ＬＡ→ＬＢとなり、刑の軽さと比例します（あくまでも基本的な考え方を示しているだけで、刑務所によって取り組み方が違うので、順番は変わることがあります）。どうして、軽い量刑の者ほど、数多く教育が実施されるのかというと、出所が近いからです。早く社会に復帰して再犯を起こさないように、刑期の短い受刑者の方が優先的に教育を受けることになります。重い量刑の受刑者は、出所がまだまだ先になるので、どうしても後回しになるのです。

そうすると、無期懲役受刑者は、仮釈放の見込みが立たないので、何十年も刑務所に収容されながら、ほとんど何の教育も受けていないことになります。しかし凶悪な犯罪を起こした者ほど、心の問題は誰よりも深く、そして誰よりも大きいという見方ができます。それだけに、本来ならば、より手厚く長い時間をかけた教育が彼らには必要になります。しかし実情は、重い刑のある受刑者ほど、教育を受ける機会がないのです。そして、長期累犯受刑者は、今もなお「更生不可能」というレッテルを貼られているのです。

「もう人生は捨てていました」

このように考えると、受刑者に対する改善指導は、本当に受刑者の更生を考えて実施されているのか疑問に思わないではいられません。上述の改善指導の授業を受ける受刑者の問題だけではありません。改善指導の教育内容にも課題があります。そのことは、本書で扱っている殺人などの凶悪な事件を犯した受刑者に行われる教育に端的に表れています。「被害者の視点を取り入れた教育」です。「被害者の視点を取り入れた教育」とは、被害者の心情を理解させて反省させるプログラムです。この方法で教育すると、うまくいかないことは何度も指摘してきました。教育の成果が上がっていないにもかかわらず、相変わらずプログラムの内容は変わっていません。なぜ効果がないのに、内容は変わらないのでしょうか。

理由は、「被害者の心情を理解させて反省することが当たり前」という価値観を教育専門官や刑務官、そしてプログラムを作成した法務省の人間が根強く持っているからです。彼らは、これ以外の方法を知らないのです。なぜなら、彼らも、幼い頃から悪いことをしたら「相手のことを考えて反省しなさい」と教育されてきたからです。

ここで50代後半のある殺人を犯した受刑者が書いた文章を紹介します。私のすべての授業が終わって、彼が最後に書いた感想文です。一人の受刑者が書いた文章ですが、この文章を読むと、長期刑の受刑者がどのような気持ちで受刑生活を送っているのか、そして改善指導の授業を受ける前はどういう気持ちでいるのかが理解できます。

「こうして一年間の授業を続けてこられたのは、先生の授業の進め方が一番大きかったと思います。『反省しろ』『反省しろ』の押しつけ一点張りの授業だったら、多分途中で投げ出していたはずです。

だけど、先生の授業は、物事を考えるというところから入り、終わりました。そんなことで、いつしか自然と自分の言葉で考えるようになり、正面から向き合える気持ちが生まれました。それとともに、他のメンバーの意見も非常に勉強になりました。一人ひ

とりの言葉はその人の人生であり、それだけに重みがあります。私の気づけなかったことを多々教えてくれました。（中略）

この一年間という時間は私にとって意義のあるものとなりました。何より大きいのは、社会の輪のなかで、一人の人間として対等に生活したいという前向きな気持ちが芽生えたことです。本音を言うと、もう人生は捨てていました。『なるようにしかならない』とあきらめていたのです。今考えると、それは人間であることを放棄したのと一緒です。そのまま出所しても人間らしい生き方は望めなかったと思います。だけど、この一年間の授業が私に肥料を与えてくれたように思えます。周りからは見えなくても、土のなかで確実に成長しているものを感じます。自分自身でそう言えることを何だかとても嬉しく思えます。こんな私にも未来があるんだ、という実感です。（以下、省略）」

受刑者が書いたこの文面から、私たちはいくつかの学びを得ることができます。まず教育のあり方です。殺人犯のくせにふざけるな、と思われるかもしれませんが、彼は「反省させる教育」に飽き飽きしていたのです。「反省しろ」という教育に反発しているのは彼の本音です。反省させるのではなく、「考えさせる教育」こそが、受刑者に自分自身の内面をみつめさせることになるのです。

　そして、何より重要なことは、メンバー間による学びによって、この受刑者の心に「一人の人間として対等に生活したいという前向きな気持ちが芽生えたこと」です。彼は「もう人生は捨てていた」と本音を書いています。50代後半になり、長い間受刑生活を送っていると、社会に復帰しても「人間らしい生き方」は望めないと思う受刑者は少なくありません。確かに、彼は殺人という許されない犯罪を起こしました。しかし一方で、彼の心は長い受刑生活を送るなかで少しずつ「死んでいた」のです。この状態で「反省させる教育」をしていれば、彼の心は完全に病んでしまったかもしれません。

　先に述べたように、ＬＢ指標の刑務所で、改善指導を受講できる受刑者はわずかしかいません。大半の受刑者は「反省しないといけない」という刑務所の雰囲気のなかで暮らし、「まじめに」受刑生活を務めています。しかし多くの受刑者の心は精神的に死んでいます。今の刑務所は、罪を犯した人間が「反省したくてもできない場」となっているのです。

刑務所における矯正教育の「今、できること」五つの提言

本音を言えば、私は管理と秩序を最優先させた今の刑務所のあり方を抜本的に変える必要があると思っています。しかしいきなりそのような改革をするのが無理なことは、私自身も矯正教育にたずさわっている人間ですから十分に理解できます。その点を踏まえて、今の体制から少しでも変わっていくために、そして刑務所が長期累犯受刑者と向き合うために、本当にやる気さえあれば「今、できること」があります。以下の五つを提言します。

①個別のレポートを課して、希望者に個人面接を実施する

受刑者に本音を話してもらうためには、個別面接を実施することが必要です。だからと言って、全員に面接することは不可能です。また、強制的に面接を受けさせることも問題です。まずは、自分を内省する気持ちがあり、自ら面接を希望する受刑者を選びたいものです。

そこで、選抜の方法として、受刑者が内面を吐露して更生していくビデオ（たとえば、坂上香が2004年に監督した映画『Lifers ライファーズ　終身刑を超えて』など）を

視聴させたり、私がかかわった受刑者のロールレタリングの事例を読ませたりして、感想文を書かせます。共感する内容の文章を書いていて、なおかつ個人面接を希望する受刑者を対象にします。個人面接を実施すれば、一人でも多くの受刑者が更生へのきっかけをつかめる可能性があります。そして、この方法がうまくいけば、自然と個人面接の継続を希望する受刑者が増えることも期待できます。

ただし、個人面接を実施する場合、支援者の人間を確保することも課題です。支援者として具体的な名前が挙がるのが臨床心理士です。しかし臨床心理士のなかには、非行少年や犯罪者の面接を苦手とする者が少なくないので、個人面接を実施する前に彼らに面接のノウハウを指導する必要があります。

②教育的処遇日にグループワークを実施する

現在、刑務所では、月に二回、金曜日に「教育的処遇日」という名目で、刑務作業を中止して、すべての受刑者に一般改善指導をしています。具体的な運営方法は、各刑務所に任されています。簿記などの技能を身に付ける講義が行われる場合もありますが、受講できる受刑者はごく一握りです。大半の受刑者には、被害者の心情を理解させるビデオを視聴させたりテープで被害者遺族の生の声を聴かせたりしています。しかし毎回同じような内容であると、さすがに受刑者も「またか」という思いになるので、偉人の伝記物やドキュメンタリー番組を視聴させるなど工夫を凝らしているようです。受刑者は、それぞれの部屋にいます。刑務官が巡回しているので、一応「まじめに」視聴していますが、内心ではビデオやテープの内容をどう思っているのかまでは分かりません。また、この日は時間的な余裕があります。ビデオの視聴といっても、せいぜい2時間です。それ以外は自由時間となるのです。

実は、教育的処遇日の本当の目的は、職員に休みを取らせることなのです。受刑者の数が増加するのに反比例して、公務員の数が削減されているため、休日を確保するための苦肉の策なのです。そういう「お家の事情」があるものの、時間の余裕があるだけに、私はこの教育的処遇日がもったいなく思えて仕方がありません。もちろん技能を身に付ける訓練も必要ですが、何より「人とつながる教育」は欠かせません。繰り返し述べているように、受刑者が「一定の枠のなか」で「自由に話せる場」を持つことが必要です。「一定の枠のなか」で「自由に話せる場」を持つとは、具体的に言うと、刑務官や私のような外部の支援者が入って、テーマ（たとえば、「反省とはどうすればいいか」「自分の居場所について」「『男らしくあらねばならない』という価値観について」など）を与えて、受刑者が自由に話せる場をつくるのです。

改善指導のためにいきなり多くの日を設けることには無理がありますから、まずはこの教育的処遇日から始めてはどうでしょうか。午前と午後に90分の時間を設けて一つのグループをつくれば、一つのグループに六名として、十二名の受刑者が参加できます。二つのグループをつくれば、二十四名が可能です。これを、三ヶ月か半年周期の単位で回していけば、かなり多くの受刑者が受講できることになります。もちろん、改善指導という枠組みで他の日に実施してもいいのですが、まずは教育的処遇日を効果的に活用したいものです。

③出所した元受刑者を「外部の支援者」として雇用する

これは、実際にアメリカの一部の刑務所ですでに行われています。アミティという団体が中心となって活動しています。私が、この方法を考えるのは、すでに海外の実践例があることも関係していますが、私が刑務所で支援した受刑者のなかには、「人の役に立つ仕事がしたい」と言う受刑者が少なくないからです。

具体的な方法として、たとえば②で挙げた教育的処遇日のグループワークに「外部の支援者」として入ってもらいます。長期累犯受刑者は、更生した元受刑者の姿を知りません。共に受刑者の経験があるからこそ、共感し合える点も多いと思います。そして、一般の外部の支援者には話せないことも、元受刑者に対してなら話せるかもしれません。守秘義務の問題もあるので慎重に進めないといけませんが、元受刑者と緊密に連携して、ミーティングを重ねていけば無理なことではありません。

この方法は、出所した元受刑者にも良い影響を与えます。受刑者にとって、更生した元受刑者は「良いモデル」になります。そして、元受刑者は、支援をすることに「生き甲斐」を感じるでしょう。何より雇用が創出できることは見逃せません。経済的に困窮した出所者が再犯を起こすことを考えると、ここにこそ税金を投入する価値があると私は考えます。

④一定の刑期が過ぎて、一定の条件がそろえば、一定の期間、社会で過ごさせる

これは、かなり大胆な提言です。まず「一定の刑期」ですが、法律では有刑期は刑期の三分の一が過ぎれば、仮釈放の対象になるとの記載があります。30年の刑期なら、10

年で仮釈放を許可される可能性があるということです。しかし実際の運用は、厳罰化の影響もあって、「三分の一」は形骸化し、その期間で出所する受刑者は皆無です。どんなに早くても「三分の二」の期間は刑務所で務めることになります。長期累犯受刑者にすると、10年など「あっという間」という気持ちになるのですが、それは環境に適応するために時間の感覚を鈍くしているだけです。自由を奪われていることに慣れきっているわけですから、自由を奪われていることがどれだけ辛いことなのかをあらためて実感する必要があります。

そこで、「一定の刑期」、すなわち「三分の二」が過ぎた頃に、「一定の条件」がそろえば、一定の期間、社会で過ごさせるのです。一定の条件とは、基本的に「まじめに務めていること」「内省が進んでいること」「社会で過ごさせても問題がないと思える者」などであり、一定の期間は、二週間か、一ヶ月か、三ヶ月かなど刑務所側が決めればいいでしょう。受刑者を外に出すわけですから、ここは慎重な検討事項を設ける必要があります。

問題は、どのように社会で過ごさせるかです。私は、社会から受け入れを募って、実際に仕事をさせたり社会奉仕活動をさせたりすることを提案します。受け入れ先には、支援金を出します。そして、受刑者には一般の家庭で生活してもらいます。温かい家庭での生活を体験させるのです。いわゆるホームステイです。当然、受刑者も受け入れ側も慎重に人選しないといけないので、何度も受刑者と受け入れ家庭の家族との面接を繰り返し、「これなら絶対に大丈夫」という段階になって、初めて受け入れをお願いします。

一定の期間であっても、温かい家庭の雰囲気のなかで受刑者が過ごせれば、自由を奪われていることの辛さを理解するとともに、「人の温かさ」というものを実感できます。そうすると、自分を内省する思いも深まるでしょう。一定期間が終わった後の受刑生活が大きく変わることも期待できます。

この方法は、受刑者に「愛情」を注ぐことになるので、一定期間が終わった後の受刑生活に相当な苦しみをもたらすかもしれません。そうであれば、皮肉にも、愛情を与えることが、罰になっているとも言えます。ある意味、非常に残酷な方法かもしれません。それでもなお、私はこの方法を勧めたいと考えています。なぜなら、人は誰も愛されないと本当の立ち直りができないからです。「ありのままの自分」で愛されなかった受刑者が、「ありのままの自分」を受け入れてもらう体験をすることで、たとえ後に苦しみが伴うとしても、「人の温かさ」「人に大切にされる喜び」を感じてほしいのです。そうした体験をしたうえで、残りの刑期を務め、社会で人とつながって生きて欲しいのです。

⑤受刑者を教育する前に、刑務官の教育を

実のところ、これが最も難しい提言かもしれません。なぜなら、何度も繰り返し述べているように、刑務官は「反省させることが当たり前」と思い込んでいるからです。そもそも刑務官という職業を志す者は、強い正義感を持っている場合が多いです。拝命当初は、受刑者の誤った考え方を矯正しようと熱意に燃えているわけです。しかし残念ながら、その熱意は受刑者にとって良い影響を与えません。強い正義感を持って現場に入った刑務官のなかには、受刑者が一向に更生しない姿を見て、拝命当初の気持ちが薄れ、「あきらめ感」を持っている者が少なくありません。

こうした環境のなかにあって、一人の刑務官だけがケアをする視点で受刑者にかかわろうとすると、「スタンドプレイ」とみなされてしまうことがあります。そうすると、全体のなかで「浮いた存在」になりかねません。このようなことが起こらないためにも、受刑者を教育する前に、ケアすることが受刑者の更生には必要であることを刑務官に学

んでもらう必要があります。全員の意識を変えることは難しいですが、職員研修などを実施して、少しでも多くの刑務官が受刑者を更生させるノウハウを習得していくことが望まれます。

以上が、私が考える刑務所の「今、できること」の提言です。一見、大胆な提言のように思えますが、刑務所が本気で受刑者を更生させる気持ちがあれば、実現可能です。刑務所が最も恐れることは、事故です。とくに四つ目の案は、受刑者を社会に出すわけですから、かなり危なっかしい提言と思われるでしょう。もちろん、私の提言を実現するに当たって、事故だけは絶対に避けないといけないのは言うまでもありません。しかし受刑者が心から反省し、刑務官と受刑者との間に信頼関係が構築できていれば、事故は避けられます。

刑務所内で受刑者が教育を受ける機会を増やす方法は、あまり効果が望めません。とくに長期累犯受刑者の場合、刑期が長いだけに、長期間の収容生活のなかで数回の授業を実施するだけではまったく不十分です。しかも、その内容が反省させる内容であれば、受刑者を更生させることは期待できません。再犯を少しでも減少させるために、現場の刑務官と外部の支援者がいっしょになって本気で議論し、具体的な支援のあり方を計画し実践していく必要があると私は考えます。

あとがき

前著『反省させると犯罪者になります』と本書を書き終わって、私はあらためて「書くこと」の大切さを感じています。二冊の本を書くなかで、私の思いや考えを文字にして表現することによって、漠然と抱いていた「反省」や「更生」に対する考え方が次第に明確になってきました。

私は、基本的に「刑務所は反省する場」で、「社会は刑務所での反省を活かす場」となるべきではないかと考えるようになりました。本気になって受刑者の支援に取り組んでいる刑務所もありますが、残念ながら、大半の刑務所は受刑者にとって「反省する場」になっているとは言い難い状況です。したがって、今は理想になりますが、刑務所のなかで受刑者に対して、過去を振り返って自分自身の内面と向き合い、心から被害者に対する罪の意識を持たせるための教育を実施してほしいと願います。

刑務所での反省を糧にして、更生するのは社会に戻ってからです。被害者の悲しみや苦しみを死ぬまで忘れることなく、人とのつながりを大切にして倖せに生きていけるのか。本当に人に頼って生きていけるのか。困ったときに誰かに相談できるのか。こうしたことは、社会でしかできないことです。

無期懲役受刑者の場合も考える必要があります。彼らは刑務所で反省することはできても、社会で更生するチャンスがないかもしれません。そこで、受刑者を支援する民間の協力を得る形で、刑務所内で、家庭のような生活を体験できるようにすることを提案したいと思います。人との温かい触れ合いの中で倖せを感じることが、実は彼らの罪の意識を強めることになります。彼らは先の希望を持てず毎日を過ごしています。日常を惰性で生きることで心の安定を保っているところがあります。ほとんど何の教育も施されず、刑務作業だけをしている無期懲役受刑者に対して、仮釈放できるまでの期間が30年を超える現状があるなか、「仮釈放を目指して頑張れ」と言うのは安易です。受刑者が「辛抱仮釈《しんぼうかりしゃく》（ひたすら辛抱して、仮釈放を得ること）」という言葉で受刑生活を送っている現状を深刻に受け止め、本当に反省していることが評価される体制をつくることが望まれます。

凶悪犯罪者でも更生できます。もちろん私の技量不足もあって、うまくいかなかった事例も少なくありません。しかしどんな受刑者であっても、本音を話してくれれば変われる可能性があるのです。逆に言えば、本音を話さず、「上辺だけの反省」をしているだけでは、いかなる受刑者であっても変わることはありません。

本書で紹介したすべての受刑者に感謝しています。また、本書では取り上げませんでしたが、多くの受刑者が本音を語ってくれたことで、私は「チョーエキ」のことが多少なりとも理解できました。しかしまだまだ分からないことだらけです。これからも多くの受刑者から教えてもらうことがたくさんあると思っています。そして、彼らからの学びが、これからの私の受刑者に対する更生の支援に役立つことは間違いありません。

最後になりましたが、今回も新潮社の横手大輔氏には大変お世話になりました。横手氏の貴重な助言のおかげで、本書の内容が深まりました。この場を借りて、心よりお礼を申し上げます。

２０１４年６月

岡本茂樹

岡本茂樹　1958（昭和33）年兵庫県生まれ。立命館大学産業社会学部教授。中高の英語教員を務めた後、武庫川女子大学大学院臨床教育学研究科博士課程を修了。臨床教育学博士。

Ⓢ新潮新書

579

凶悪犯罪者《きょうあくはんざいしゃ》こそ更生《こうせい》します

著　者　岡本茂樹《おかもとしげき》

2014年7月20日　発行

発行者　佐藤隆信

発行所　株式会社新潮社

〒162-8711　東京都新宿区矢来町71番地
編集部(03)3266-5430　読者係(03)3266-5111
http://www.shinchosha.co.jp

印刷所　錦明印刷株式会社

製本所　錦明印刷株式会社

ISBN978-4-10-610579-1　C0236